LEIA AS PESSOAS COMO UM LIVRO

COMO ANALISAR E PREVER EMOÇÕES, PENSAMENTOS, OBJETIVOS E ATITUDES

PATRICK KING
AUTOR BEST-SELLER INTERNACIONAL

LEIA AS PESSOAS COMO UM LIVRO

COMO ANALISAR E PREVER EMOÇÕES, PENSAMENTOS, OBJETIVOS E ATITUDES

São Paulo
2025
Grupo Editorial
UNIVERSO DOS LIVROS

Read People Like a Book: How to Analyze Understand, and Predict People's Emotions, Thoughts, Intentions, and Behaviors

Diretor-geral
Alessandro Gerardi

Gerente editorial
Marcia Batista

Produção editorial
Letícia Nakamura
Raquel F. Abranches
Victoria Viana

Tradução
Cynthia Costa

Preparação
Nestor Turano Jr.

Revisão
Ricardo Franzin
Thiago Bio

Capa e diagramação
Renato Klisman

Arte
Barbara Garoli
Renato Klisman

Dados Internacionais de Catalogação na Publicação (CIP)
Angélica Ilacqua CRB-8/7057

K48L King, Patrick
Leia as pessoas como um livro : como analisar, entender e prever emoções, pensamentos, objetivos e atitudes / Patrick King ; tradução de Cynthia Costa.
-- São Paulo : Universo dos Livros, 2025.
192 p.

ISBN 978-65-5609-844-9
Título original: *Read people like a book*

1. Linguagem corporal 2. Gestos - Análise 3. Inteligência emocional
4. Comportamento humano
I. Título II. Costa, Cynthia

25-3821 CDD 155.28

Universo dos Livros Editora Ltda.
Avenida Ordem e Progresso, 157 — 8º andar — Conj. 803
CEP 01141-030 — Barra Funda — São Paulo/SP
Telefone: (11) 3392-3336
www.universodoslivros.com.br
e-mail: editor@universodoslivros.com.br

SUMÁRIO

INTRODUÇÃO

VOCÊ CONHECE ALGUÉM COM UM TALENTO NATURAL para *entender* os outros? Aquela pessoa que, de modo instintivo, parece saber como as demais funcionam e por que agem como agem, a ponto de conseguir prever o que dirão ou sentirão? Que sabe conversar com alguém de modo que seja ouvida de fato, ou mesmo detectar com rapidez quando alguém a está tentando manipular ou mentindo para ela? Há quem consiga captar as emoções dos outros e entender suas motivações — parece até entendê-los mais do que a si.

Seria esse um superpoder?

A verdade é que não há nada de místico nesse dom. Trata-se apenas de uma habilidade como qualquer outra, que pode ser aprendida e dominada. Enquanto alguns a chamam de inteligência emocional ou de simples trato social, outros a veem como semelhante ao que psicólogos e psiquiatras fazem ao conduzir a anamnese de um novo paciente. É possível vê-la, ainda, como uma habilidade que um experiente agente do FBI, um detetive particular ou um policial adquire ao longo de sua prática.

Neste livro, examinaremos todas as maneiras de desenvolver essa habilidade, sem a necessidade de um diploma de Psicologia ou da experiência de um interrogador de elite da CIA.

Analisar pessoas é, sem dúvida, uma habilidade valiosa. Encontramos pessoas e interagimos com elas o tempo todo; se buscamos vidas harmoniosas e bem-sucedidas, precisamos cooperar com essas pessoas. Quando sabemos analisar o caráter, o comportamento e as intenções não comunicadas de alguém com rapidez e precisão, conseguimos o queremos.

Podemos ajustar a maneira como nos comunicamos para ter certeza de alcançar o público desejado; podemos perceber quando somos enganados ou influenciados. Também podemos compreender com mais facilidade até mesmo aqueles que são muito diferentes de nós, com valores distantes dos nossos. Quer você deseje saber um pouco mais sobre a pessoa que acabou de conhecer, xeretando em suas redes sociais, quer precise recrutar um novo funcionário, ou até se quiser "captar" se o mecânico está dizendo a verdade sobre seu carro, entender pessoas é uma habilidade valiosíssima.

Não é louco pensar que todas as pessoas que encontramos são um verdadeiro mistério para nós? Como podemos saber o que se passa na mente delas? O que estão pensando, sentindo, planejando? Como interpretar seus comportamentos, o que as motiva, como elas *nos* veem?

O mundo de outra pessoa é como uma caixa-preta. Só podemos enxergar o que está *fora* da caixa: as palavras que a pessoa diz, suas expressões faciais e linguagem corporal, sua aparência física, o tom e o tipo de voz, e assim por diante.

Antes de avançarmos, é importante reconhecer um fato inegável: seres humanos são organismos vivos complexos e efêmeros, com toda uma experiência interna que fica trancada dentro deles. Embora haja quem afirme o contrário, ninguém pode dizer com certeza que conhece outra pessoa por completo.

Dito isso, certamente podemos aprimorar nossa leitura de sinais observáveis. Adotamos o termo "Teoria da Mente" para a habilidade de refletir sobre a realidade cognitiva e emocional alheia. É o desejo (perfeitamente humano) de construir um modelo de pensamentos, sentimentos e comportamentos para entender o outro. E, como acontece com qualquer modelo, trata-se de uma simplificação da profundidade e da complexidade da pessoa de carne e osso que está diante de nós. Possui limitações e nem sempre explica a realidade com precisão.

Nosso objetivo é, portanto, refinar nossa capacidade de analisar pessoas para fazer suposições mais certeiras sobre elas.

Podemos aprender a reunir o máximo de informações possíveis sobre uma pessoa e a analisá-las de forma inteligente. Se pudermos encaixar essas peças em um modelo confiável e preciso da natureza humana (ou em mais de um modelo), o resultado será um entendimento mais profundo daquela pessoa em particular. Da mesma forma que um engenheiro observa uma máquina complicada e infere no funcionamento e na função dela, podemos aprender a observar seres humanos e analisá-los a fim de entender seu comportamento.

Nos capítulos que se seguirão, examinaremos diferentes modelos. Não se trata de teorias concorrentes entre si, mas de diferentes formas de se observar o ser humano. Quando usadas em conjunto, podem nos fornecer um entendimento inovador sobre as pessoas ao nosso redor.

O que faremos com esse entendimento depende de nós. Podemos usá-lo para cultivar uma atitude mais compassiva e proveitosa para com aqueles de quem gostamos. Podemos aplicá-lo ao local de trabalho ou a qualquer outro ambiente no qual precisemos cooperar e colaborar com uma variedade de indivíduos. Podemos nos tornar pais ou parceiros melhores. Podemos melhorar a nossa habilidade de conversar com estranhos, de captar mentiras e manipulações e de nos reconciliar de forma eficaz após conflitos.

O momento em que encontramos uma pessoa pela primeira vez é o melhor para colocar em ação nossas habilidades de percepção e análise. Mesmo as pessoas menos desenvoltas, emocional e socialmente, podem aprender algo sobre as outras ao conviver com elas por um bom tempo. Porém, neste livro, abordaremos sobretudo as habilidades que nos permitem colher informações úteis sobre pessoas que nos sejam completamente estranhas, de preferência após uma única conversa.

Iremos nos aprofundar um pouco mais no domínio da arte de tomar uma decisão instantânea e precisa, com base na avaliação da personalidade e dos valores da pessoa a partir de sua fala, de seu comportamento e, inclusive, de seus objetos pessoais, lendo sua linguagem corporal e até mesmo detectando uma mentira de imediato.

Outra advertência antes de começarmos: analisar pessoas envolve muito, muito mais do que simplesmente dar palpites com base em reações emocionais impensadas. Embora o instinto e a intuição possam desempenhar um papel, abordaremos aqui métodos e modelos com evidências teóricas sólidas, que procuram ir além de simples preconceitos. Afinal, para que sejam úteis, nossas análises devem ser *precisas*!

Adotamos aqui uma abordagem metódica e lógica para analisar os outros.

Quais são as origens ou as causas daquilo que testemunhamos, ou seja, qual é o histórico por trás do que estamos observando?

Quais são os aspectos psicológicos e sociais e os mecanismos fisiológicos que sustentam tal comportamento?

Qual é o resultado ou o efeito de determinado fenômeno? Em outras palavras, que impacto ele tem no ambiente?

O comportamento que você está testemunhando foi desencadeado por acontecimentos específicos, pelas ações de outras pessoas, ou está acontecendo em resposta a algo que você fez?

Nos capítulos seguintes, você conhecerá maneiras inteligentes de estruturar uma análise racional, baseada em dados, das pessoas complexas e fascinantes que cruzarem o seu caminho. Você verá como essa é uma habilidade que gera tantas outras competências. Por exemplo, entender as pessoas pode melhorar sua capacidade de sentir compaixão, de se comunicar e de negociar, além de ajudá-lo a estabelecer limites. Gera, ainda, um efeito colateral inesperado: você *se* entenderá melhor.

ONDE VOCÊ ESTÁ ERRANDO

Muitas pessoas acreditam que "lidam bem" com pessoas.

É muito fácil afirmar que você entende as motivações de alguém se nunca verificar se seu palpite está mesmo correto. Infelizmente, é provável que não passe de um viés de confirmação: você se lembra das vezes em que suas avaliações estavam certas e ignora ou minimiza as vezes em que estavam claramente erradas. Ou isso, ou você nem sequer questiona as próprias avaliações. Quantas vezes você já não escutou: "Eu costumava pensar que tal pessoa era assim e assado, mas, agora que a conheço, percebo que estava completamente enganado"?

O fato é que somos com frequência muito menos precisos em nossos julgamentos de caráter do que gostaríamos de acreditar. Se está lendo este livro, é provável que você saiba que pode aprender um pouco mais. É sempre bom iniciar uma nova empreitada do zero. Afinal, nada pode atrapalhar mais o aprendizado de técnicas eficazes do que a certeza de que já se sabe de tudo e não é preciso aprender mais nada!

Quais são os obstáculos para se aprender a entender pessoas de forma inteligente?

Primeiramente, o mais importante é o *efeito do contexto*. Talvez você já tenha lido alguma listinha de dicas on-line do tipo "5 sinais para detectar um mentiroso" e depois testado para ver se conseguia encontrar algum na vida real. O problema aqui é óbvio: a pessoa desviou o olhar para cima porque está mentindo ou porque viu algo no teto?

Da mesma forma, alguém cometendo um "lapso freudiano" interessante no meio de uma conversa pode revelar um segredo cabeludo sobre essa pessoa — ou simplesmente indicar que ela dormiu pouco e cometeu um deslize. O contexto é fundamental.

Ainda nessa mesma linha, não podemos nos basear em uma *única* afirmação, expressão fácil, ação ou ocasião para concluir algo sobre uma pessoa. Você não fez algo hoje, por exemplo, que, se tomado fora de contexto, poderia levar a conclusões sem sentido sobre o seu caráter? Análises devem ser baseadas em dados — não em um único dado — e só podem ser feitas a partir de em tendências mais gerais.

Essas tendências mais gerais também precisam ser situadas no contexto cultural da pessoa que se está analisando. Alguns sinais são universais, mas outros podem variar. Por exemplo, falar com as mãos nos bolsos não costuma ser bem-visto na maioria das culturas. Contato visual, por outro lado, é uma coisa complicada. Nos Estados Unidos, o olho no olho é considerado sinal de honestidade e inteligência. Porém, em lugares como o Japão, o contato visual é desencorajado por ser visto como desrespeitoso. Outros sinais também podem significar coisas bem diferentes a depender da cultura. Pode ser um pouco difícil lembrar-se desses diferentes modelos de interpretação de início, mas aos poucos ficará mais natural, à medida que você pratica.

Se você percebe um gesto incomum repetido cinco vezes em uma única conversa rápida, vale a pena prestar atenção. Se alguém afirmasse: "Eu conheço aquela mulher. Ela é introvertida. Eu a vi lendo um livro uma vez", você não acreditaria estar diante de um mago da psique humana! O que nos leva a outro princípio importante: em nossa análise, *procuramos padrões.*

Pessoas inteligentes também podem chegar a conclusões não tão inteligentes sobre os outros *quando não estabelecem um parâmetro*. O homem à sua frente pode fazer muito contato visual, sorrir, elogiá-lo, balançar a cabeça em afirmação e, inclusive, às vezes tocar o seu braço. Você talvez concluísse que ele deve gostar muito de você, até perceber que ele é assim com todas as pessoas que encontra. Na verdade, ele não está demonstrando nenhum interesse acima do comportamento normal dele, então as suas observações não levam à conclusão a que em geral levariam.

Por fim, ao estudar seres humanos, algo a se levar em conta é um fator comum: você. Você pode concluir que alguém está tentando enganá-lo se ignorar seu próprio comportamento paranoico e cauteloso, ou o fato de ter sido enganado recentemente e não ter superado o episódio ainda.

Esse último ponto pode, ironicamente, ser a verdadeira chave para desbloquear outras pessoas: devemos nos certificar de que nos compreendemos minimamente antes de voltarmos o nosso olhar analítico para quem está ao nosso redor. Se não tiver consciência de como pode estar projetando suas necessidades, medos, suposições e preconceitos nos outros, suas observações e conclusões sobre eles não servirão de muita coisa. Essa pode ser uma boa forma de aprender sobre si de maneira indireta e de entender a *própria* bagagem cognitiva e emocional.

Vamos ver alguns desses princípios em ação.

Digamos que você esteja entrevistando alguém que sua empresa pretende contratar. Você tem pouco tempo para determinar se a pessoa se encaixaria bem na equipe. Você percebe que ela está falando muito rápido e às vezes acaba tropeçando nas palavras. Ela está sentada na beirada da cadeira, com as mãos firmemente entrelaçadas. Será que se trata de uma pessoa nervosa e insegura? Você suspende esse julgamento, ciente de que todos ficam nervosos em entrevistas (ou seja, você respeita o contexto).

Você então percebe que a candidata menciona mais de uma vez que o empregador anterior era muito exigente com o tempo, ao passo que ela prefere trabalhar de forma independente, administrando o tempo à maneira dela. Você se pergunta se isso significa que ela é insubordinada, ou se de fato é mais independente e proativa. Como não dispõe de um parâmetro, você pergunta sobre sua pós-graduação e o que ela estudou. Ela fala sobre projetos de pesquisa que conduziu de forma independente e quão próxima do orientador era. Isso indica que ela *consegue*, sim, trabalhar sob supervisão... desde que goste do projeto.

Se tivesse se concentrado apenas no nervosismo, você não teria ido muito longe. Muitos recrutadores lhe dirão que falar mal de um empregador anterior é um sinal de alerta, mas na entrevista você deve procurar *padrões*, não ocorrências únicas. Considere até que ela possa estar nervosa porque *você* a está deixando nervosa. Você talvez saiba, por exemplo, que, por ser alto e imponente, com uma voz profunda e uma expressão séria, o que está testemunhando não é a mulher como ela é em geral, mas a mulher como ela reage à sua presença.

Lembrando-nos de alguns princípios simples, podemos garantir que nossa análise seja sempre contextualizada, bem refletida e tridimensional. Trata-se de sintetizar as informações que temos diante de nós em uma hipótese de trabalho coerente em vez de simplesmente identificar comportamentos estereotipados e chegar a conclusões fáceis.

O PROBLEMA DA OBJETIVIDADE

— Seu primo ficou muito chateado quando você fez aquela piada sobre política ontem à noite.

— Chateado? Não, ele não ficou chateado. Ele achou aquilo engraçado. Eu lembro!

— Imagine! Ele ficou mal-humorado. Achei que ele ficou zangado com você...

Já ocorreu de você conversar com pessoas que estavam juntas e descobrir que cada uma fez uma avaliação completamente diferente de algum acontecimento? Pessoas com frequência discordam sobre se alguém estava flertando, se alguém estava desconfortável ou ofendido, se alguém estava se sentindo mal ou sendo mal-educado. Parece até que cada uma estava em uma dimensão diferente!

Alguns estudos mostram que apenas cerca de 7% da nossa comunicação se origina de palavras de fato faladas, enquanto enormes 55% provêm da linguagem corporal. Isso significa que o que as pessoas dizem é muitas vezes o pior indicador do que de fato querem transmitir. Até mesmo o tom de voz conta apenas cerca de 38% da história real. Fica fácil perceber por que as pessoas saem de conversas em grupo com opiniões contrastantes sobre o que aconteceu naquelas interações — elas se basearam em fatores errados para chegar às suas conclusões. Para compreender a conversa real, não verbal, você precisa considerar as pistas verbais e não verbais.

Já vimos que alguém dizer que "lida bem" com pessoas não é uma prova de que as entenda de fato. Acontece que pode haver uma forma científica de medir essa qualidade nas pessoas. Simon Baron Cohen (sim, existe uma relação com o comediante Sacha Baron Cohen — eles são primos) desenvolveu o que ele chama de "teste de inteligência social". A pontuação máxima é de 36 pontos, com um resultado inferior a 22 em pessoas com autismo e uma pontuação média em torno de 26.

O teste pede, essencialmente, que você infira as emoções de outras pessoas *simplesmente ao olhar para elas*, ou seja, trata-se de um teste de empatia. O interlocutor pode estar sorrindo, mas será que na verdade não está se sentindo desconfortável? Saber ler as emoções de outros indivíduos tem sido relacionado a uma inteligência social superior, que, por sua vez, está relacionada a uma facilidade maior para se trabalhar em grupo e analisar pessoas.

Se você ficou curioso, pode fazer o teste em inglês no seguinte link: <http://socialintelligence.labinthewild.org/>. Você verá fotos que mostram apenas os olhos das pessoas e escolherá entre quatro emoções para descrever o que acha que elas estão sentindo. Prepare-se para a surpresa dos seus resultados — e com os resultados de seus amigos e familiares.

Claro, o teste tem falhas e limitações como qualquer outro teste desse tipo. Se você é um gênio social, mas tem problemas de vocabulário, não é culturalmente ocidental ou não é fluente em inglês, por exemplo, seus resultados devem ser interpretados com cautela. O teste mostra o quão bom você pode ser em ler as emoções das pessoas com base em poucas informações — ou seja, nada mais do que um único olhar.

Mas essa é apenas uma pequena peça do quebra-cabeça. O que o teste nos diz é que nem todos possuem a mesma gama de habilidades sociais e que talvez sejamos menos hábeis do que pensamos. Isso nos mostra que nem sempre é suficiente seguir palpites ou a intuição — você pode facilmente cometer erros ao avaliar assim as pessoas. Ao lidarmos com algo escorregadio como as profundezas ocultas do coração e da mente das outras pessoas, precisamos fazer um esforço para sermos o mais objetivos possível. Nem sempre podemos confiar em nosso primeiro impulso. Se você fizer o teste mencionado acima e acertar apenas 26 de 36, é razoável concluir que você interpretaria de forma incorreta 10 em cada 36 expressões faciais de alguém.

Se for esse o caso, o que lhe falta para interpretá-las com mais exatidão?

É claro que o olhar de alguém representa apenas uma pequenina parte das informações com as quais você deve trabalhar em um contato social. Há ainda a postura, a linguagem corporal, o que a pessoa diz (e o que ela não diz!), o tom de voz, a atitude, o contexto em que vocês estão conversando...

Se você não obteve uma pontuação muito alta no teste, não se preocupe, isso não significa que você seja neurodivergente ou não tenha traquejo social. Na vida real, lidamos com muito mais dados em um momento passageiro do que com uma única imagem dos olhos de alguém. Pode ser que você seja melhor do que pensa para montar esse quebra-cabeça de informações variadas ao seu alcance.

O que pode valer a pena tentar, porém, é esforçar-se de modo deliberado, com ajuda deste livro, para melhorar suas habilidades de análise de pessoas. Após um ou dois meses, você pode refazer o teste. E talvez descubra algo fascinante: nossa empatia e nossas habilidades sociais não são fixas; elas podem ser desenvolvidas e aprimoradas. Assim que estabelecemos um ponto de partida — medindo quão boas são nossas habilidades agora —, estaremos prontos para passar às teorias que as aperfeiçoarão até nos tornarmos verdadeiros Sherlock Holmes.

APRENDIZADOS

- A maior parte da comunicação que ocorre entre as pessoas é de natureza não verbal. O que as pessoas dizem é com frequência um mau indicador daquilo que elas de fato querem transmitir, o que torna a habilidade de analisá-las muito valiosa, trazendo-nos benefícios quase infinitos. Embora sejamos todos abençoados com diferentes aptidões, é possível desenvolver essa habilidade, contanto que sejamos honestos quanto ao nosso ponto de partida.

- Seja qual for a teoria ou o modelo usado para analisar e interpretar as nossas observações, precisamos considerar o contexto e como ele influencia a interação. Um sinal isolado dificilmente levará a julgamentos precisos; é necessário levar em conta um conjunto de fatores. Por exemplo, a cultura de origem da pessoa é um aspecto importante, que ajuda a contextualizar a análise.

- Um comportamento não faz sentido no vácuo; precisamos traçar um parâmetro para que consigamos interpretar o que vemos. Isso significa ter em mente como aquela pessoa se comporta em geral, para que assim seja possível detectar desvios e fazer interpretações precisas a respeito de quando ela está feliz, entusiasmada, chateada etc.

- Por fim, nós nos tornamos grandes leitores dos outros quando nos conhecemos bem. Precisamos saber que preconceitos, expectativas, valores e impulsos inconscientes guiam a nossa visão sobre as coisas, para que possamos analisar pessoas da forma mais neutra e objetiva possível. Devemos evitar que o pessimismo atrapalhe nossos julgamentos, porque com frequência é mais fácil chegar a conclusões negativas quando, na verdade, as alternativas positivas são tão prováveis quanto.

- Para uma visão melhor do progresso que você faz enquanto lê este livro, é bom saber a quantas anda a sua proficiência na análise de pessoas. Simon Baron Cohen criou o seguinte teste: <http://socialintelligence.labinthewild.org/>. Ele indica quão bem entendemos as emoções das pessoas em dado momento. Também é uma boa maneira de concluir que, talvez, você não “lide” tão bem com pessoas quanto imagina.

CAPÍTULO 1

A MOTIVAÇÃO PREDIZ O COMPORTAMENTO

POR QUE SE PREOCUPAR COM ENTENDER AS PESSOAS? Por que se dar ao trabalho de aprender como as pessoas funcionam e qual o motivo disso?

Você deve se lembrar de situações em que tentou desesperadamente entender alguém. Talvez tenha dado atenção demais a como a pessoa estava *agindo* — ou, então, se concentrado em entender por que ela tinha feito algo.

Para entender por que as pessoas se comportam de determinada forma, precisamos examinar as causas e os fatores impulsionadores desse comportamento, isto é, sua motivação. Todos (inclusive você) são levados a agir de determinada maneira por um motivo. Nem sempre você pode ver ou entender esse motivo, mas ele sempre existe. Só a insanidade faria uma pessoa agir sem razão alguma! Então, para perceber um comportamento, entendê-lo, predizê-lo ou mesmo influenciá-lo, você precisa mapear *o que o alimenta*, ou seja, precisa entender o que está motivando aquela pessoa.

Por que você escolheu este livro? Por que você saiu da cama esta manhã? Por que fez os milhares de coisas que já fez hoje?

Com certeza você teve suas razões, conscientes ou inconscientes, e outra pessoa poderia obter um panorama considerável de quem você é se soubesse quais foram essas motivações.

Neste capítulo, abordaremos o que inspira o ser humano a agir: desejo, ódio, gosto e desgosto, prazer e dor, medo, obrigação, hábito, força e assim por diante. Ao descobrir o que motiva uma pessoa, você verá o comportamento dela como uma extensão natural e lógica dessa motivação. Poderá entender as ações com base nas motivações e, em última análise, *quem* ela é como indivíduo.

As pessoas são motivadas por fatores psicológicos, sociais, financeiros e até mesmo biológicos, além de fatores evolutivos, uma vez que todos podem interagir uns com os outros de maneiras interessantes. Com o que as pessoas se importam? Perguntar sobre interesses, valores, objetivos e medos é mais ou menos como perguntar sobre motivações. Se você souber quais são esses indicadores, poderá entender aquela pessoa e seu mundo *na visão dela*.

Neste capítulo, exploraremos os variados estímulos por trás do comportamento humano. Pense nesses estímulos como modelos explicativos, por meio dos quais você pode observar a conduta dos outros e entendê-la em um nível profundo. Vamos começar pelo mais profundo de todos: o inconsciente.

MOTIVAÇÃO COMO EXPRESSÃO DA SOMBRA

É como aquele velho clichê: um homem de meia-idade, calvo e acima do peso, passa cantando pneu em seu carro esportivo vermelho, caro e barulhento, e as pessoas comentam na calçada: "Puxa, o que será que ele está tentando provar?". É uma piada grosseira, mas indica um entendimento comum de que às vezes as pessoas são motivadas por forças internas inconscientes, nem sempre visíveis para elas mesmas.

Pode ser que você conheça o conceito de sombra do psicólogo suíço Carl Jung. Simplificando, a sombra contém todos aqueles aspectos da nossa natureza que repudiamos, ignoramos ou dos quais queremos nos afastar. São as partes do nosso ser que escondemos dos outros e até de nós mesmos. Nossa mesquinhez, nosso medo, nossa raiva, nossa vaidade.

A ideia é de que, quando conseguimos integrar a sombra ao nosso modo de ser, atingimos um sentimento mais profundo de totalidade, e assim podemos viver de forma autêntica, como seres humanos completos. Jung não se importava com "positividade" e autoaperfeiçoamento do modo como esses conceitos se popularizaram hoje em dia. Ele achava que a saúde psicológica e o bem-estar vinham do autorreconhecimento e da autoaceitação — você em sua *totalidade* —, e não de varrer as partes indesejadas para debaixo do tapete.

Pode ser muito gratificante "vasculhar sua sombra", isto é, tentar conscientemente recuperar essas partes rejeitadas de si. Mas como podemos usar esse conceito para nos ajudar a entender melhor as pessoas ao nosso redor, que também possuem sombras?

O problema da sombra é: mesmo que seja empurrada para fora da consciência, ela não deixa de existir. Pode ser que fique perceptível de maneira mais sutil, manifestando-se no comportamento, nos pensamentos e nos sentimentos, ou aparecendo em sonhos ou momentos de vulnerabilidade. Se pudermos observar e compreender esses sinais externos em outras pessoas, obteremos uma visão profunda de quem elas são.

Vivemos em um mundo de dualidade — a escuridão existe por causa da luz, só entendemos o alto por causa do baixo, e a agitação uma hora desacelera e para. Esse princípio simples pode nos ajudar a entender as pessoas também. Somos todos uma mistura de forças complementares, conectadas e interdependentes. Como o yin-yang, cada uma desperta e equilibra a outra.

Imagine alguém que tenha sido criado com rigor e pressionado a se sair bem no âmbito acadêmico. Sem festas, sem bebedeira, sem amigos, apenas estudando o dia inteiro, todos os dias. Você poderia olhar para tal pessoa e perceber quão profundamente desequilibrado ou polarizado é seu ser. Sua mente consciente é focada em apenas um aspecto dele. Mas o que acontece com seu impulso de ser livre, de se rebelar, de se divertir e ser um pouco irresponsável? Para onde tudo isso vai?

É possível que você conheça algumas pessoas cuja juventude tenha sido assim. E a trajetória também é conhecida: no início da idade adulta, tal pessoa finalmente sucumbe ao que há muito foi reprimido, às necessidades ocultas de liberdade, expressão e rebeldia, e "enlouquece", abandonando os estudos e vivendo quase como se precisasse recuperar o tempo perdido.

Podemos entender esse fenômeno usando o princípio da sombra. Ainda que encontremos um aluno perfeitamente bem-comportado e disciplinado, sabemos que sua sombra contém tudo o que é inaceitável para ele mesmo, para os outros e para o seu ambiente. Da mesma forma que é preciso haver energia para se manter uma bola de praia submersa debaixo d'água, é preciso que haja energia para se negar a sombra. Mas, um dia, a bola acaba vindo à tona.

Viver com uma sombra que desconhecemos pode nos causar desconforto psicológico. A mente, o corpo e o espírito procuram ser inteiros, e se essa totalidade só for alcançada por meio de uma explosão do material reprimido quando este finalmente chega à consciência, que assim seja. Recorrendo à teoria da sombra de Jung, você pode obter algumas noções importantes quando se trata de entender as pessoas.

Primeiro, você pode desenvolver uma compreensão mais profunda de por que elas são como são, o que inevitavelmente aumenta o sentimento de compaixão. Se você sabe que a criança agressiva da escola foi ensinada a suprimir seu sentimento de inferioridade, sua fraqueza e seus medos, fica mais fácil compreender seu comportamento. Dessa maneira, você pode interpretá-la além do nível superficial, não apenas seu eu consciente e calculadamente apresentado na superfície.

Segundo, usando o modelo da sombra, você se permite comunicar-se com as pessoas de modo muito mais efetivo. Embora cada um de nós seja um ser dividido, há, no entanto, um impulso em direção à totalidade e à autenticidade. Se puder falar diretamente com aquelas partes não reconhecidas da psique do indivíduo, você será capaz de se comunicar com maior profundidade.

Por exemplo, uma pessoa arrogante e narcisista pode ter uma sombra cheia de ódio por si mesma. Nessa sombra está tudo o que ela não suporta reconhecer em si, por isso nega que seja uma parte sua. A reação comum às pessoas narcisistas é querer derrubá-las, rir delas ou resistir às suas reivindicações de grandiosidade. Mas isso só fortalece os sentimentos de vergonha que criaram a divisão. Se enxergar o sentimento de superioridade de uma pessoa como essencialmente uma defesa, você poderá ajustar sua comunicação com ela.

É verdade que você não tem como fazer outra pessoa reconhecer partes da sombra dela simplesmente porque você acha que ela deveria, mas isso com certeza pode lhe dar uma ideia de como lidar com essa pessoa no futuro. Uma forma final de usar essa teoria para compreender os outros é determinar como a sombra é projetada no mundo exterior.

A sombra encerra muitos sentimentos dolorosos e desconfortáveis. Nós aliviamos essa dor e esse desconforto ao ignorar ou negar tais sentimentos, e que melhor maneira de renegá-los do que afirmar que pertencem a outro alguém? A projeção da sombra ocorre quando uma pessoa inconscientemente atribui traços de sua própria sombra a outra pessoa. Por exemplo, alguém que se sente intelectualmente inferior pode chamar os outros de "burros", criticando seus esforços de modo arrogante.

Embora na superfície a pessoa possa passar por intelectual, você consegue enxergar o que realmente está acontecendo: a máscara da inteligência é colocada para proteger seus sentimentos reais de inferioridade. Se acontecer de você ser chamado de burro por uma pessoa assim, saiba que não tem nada a ver com você e tudo a ver com ela.

Você pode usar esse entendimento para ser persuasivo ou até mesmo manipulador — por exemplo, elogiando a inteligência da pessoa quando desejar bajulá-la. Também pode usar essa percepção para ser compreensivo e compassivo. Ou seja, você pode tentar explicar a essa pessoa que não há nada de vergonhoso em ser "burro" e que você a aceita e ama, seja ela inteligente ou não. Isso ajuda a integrar a sombra — se o material reprimido não for mais sentido como vergonhoso e desconfortável, não há mais motivos para mantê-lo escondido. É como relaxar a pressão na bola de praia e permitir que ela flutue suavemente até a superfície.

Nada disso quer dizer que precisamos nos tornar verdadeiros psicoterapeutas toda vez que conhecemos alguém. Integrar a sombra é um trabalho longo e difícil, que não pode ser feito em nome de outra pessoa. A melhor coisa que podemos fazer por nós mesmos é trabalhar duro com nossas *próprias* sombras, baseando-nos nelas para reconhecer e compreender o funcionamento da sombra de outras pessoas.

Você pode até começar a olhar para a própria cultura de maneira um pouco diferente, pois os grupos podem ter sua própria sombra coletiva. O que sua família, comunidade e mesmo nação se recusam a reconhecer sobre si? E como isso o ajuda a entender o comportamento resultante dela?

No espírito junguiano, o que há de mais útil com relação à sombra, o que é mais importante para a cura, é uma atitude de amor e aceitação. Seja curioso, mas gentil. Seu objetivo ao identificar a (possível) sombra de um indivíduo não é transformá-la em um trunfo, seja para acusá-lo, seja para manipulá-lo.

Em vez disso, trata-se de ver *pessoas inteiras* em um mundo que muitas vezes é partido, fragmentado, dividido e inconsciente. Vislumbrar a sombra em outra pessoa também é um convite para olharmos com honestidade para dentro de nós. Uma vez que enxergamos sentimentos como vergonha, medo, dúvida e raiva em outros e reagimos com aceitação e compreensão, podemos fazer isso por nós mesmos. Não só nos tornaremos analistas mais astutos da natureza humana como amigos, pais ou parceiros mais sensíveis e emocionalmente inteligentes.

Na verdade, o que colocamos em nossa respectiva sombra não varia tanto assim. *Nenhum* de nós gosta de admitir que às vezes se sente pequeno e fraco, ou que podemos ser desagradáveis, confusos, preguiçosos, egoístas, lascivos, ciumentos, mesquinhos e covardes. Uma ótima maneira de analisar a sua sombra *e* a da outra pessoa é observar quais sentimentos o comportamento dela desperta em você.

Imagine estar conversando com o intelectual vaidoso do exemplo anterior. Você compartilha uma ideia, que ele logo julga como "estúpida" e da qual ri. Qual é a sua resposta? Se for como a da maioria das pessoas, você ficará com raiva, constrangido ou envergonhado, e de repente sentirá a necessidade de se defender. Talvez você responda com algo que pense ser extremamente inteligente para provar que ele está errado... ou talvez ria de volta e o insulte na cara.

O que aconteceu é que a sombra dele acionou a sua. Para ter essa reação, em algum lugar dentro de você existe um sentimento indesejado de ser considerado burro e inferior.

Se tivesse a presença de espírito necessária para permanecer consciente durante tal interação, no entanto, você poderia fazer uma pausa e observar sua própria resposta e interessar-se por ela. Essa pessoa, ao insultá-lo dessa forma, acabou revelando algo importante sobre sua sombra, desde que você esteja aberto a esse aprendizado.

Pessoas astutas e observadoras sabem que aquilo que uma pessoa usa para insultar as outras não passa, com frequência, do rótulo que elas não conseguem reconhecer que colocaram em si mesmas. Se perceber isso, você manterá a calma em uma conversa desse tipo. Se não, acabará caindo em uma sessão mútua de defesa do ego — ou seja, uma discussão —, aceitando, sem saber, o convite para um jogo de sombras.

A sombra se expressa nas motivações das pessoas. O homem de meia-idade do clichê suprimiu de sua consciência a dor pela perda de sua juventude e de seu vigor sexual. Mas isso se expressa na cara de todos na forma de um carro chamativo. Na próxima vez que você conhecer alguém, analise rapidamente as seguintes perguntas, de modo a perceber a pessoa em um nível mais profundo:

- O que essa pessoa está transmitindo para mim de maneira ativa e consciente?
- O que essa pessoa pode não estar disposta a reconhecer sobre si mesma?
- Como essa parte não reconhecida pode definir, de modo inconsciente, o comportamento que vejo na superfície?

- O que essa pessoa está *me* fazendo sentir? Sinto que ela está projetando em mim ou acionando minha própria sombra?
- Como posso comunicar compaixão e compreensão ao que está em sua sombra neste momento?

Ao falar com pessoas, o modelo da sombra pode ajudá-lo a se comunicar com *todas as suas partes*, mesmo aquelas que não estão evidentes. É uma maneira de "ler nas entrelinhas" das pessoas!

NOSSA CRIANÇA INTERIOR ESTÁ VIVA

Outra maneira relacionada de determinar as motivações mais profundas das pessoas é reconhecer a sua "criança interior". Podemos entendê-la como aquela parte inconsciente de nós que representa as crianças que já fomos.

Afinal, é na infância que costumamos aprender quais partes de nós são aceitáveis e quais não são. Portanto, é nesse período que começamos a construir nossa sombra e a moldar nossa personalidade consciente. "Acessar a criança interior" parece um pouco descabido, mas não é tão diferente de reconhecer e aceitar o aspecto da sombra.

Se estiver trabalhando com sua criança interior por conta própria ou em terapia, você pode estabelecer um diálogo lúdico com ela por meio de um diário, desenhos ou pinturas, embarcando assim na mentalidade de um adulto compassivo, que "recria" a versão mais jovem de si mesmo, dando a essa criança tudo de que ela precisava naquela época, mas não recebeu.

Como podemos usar a teoria da criança interior para nos ajudar a melhorar nosso entendimento de outras pessoas? Da mesma forma que podemos aprender a identificar quando alguém está agindo com base em sua sombra, também podemos perceber quando alguém está sendo motivado por sua criança interior. Se você está discutindo com um parceiro, por exemplo, e ele demonstra raiva e se põe na defensiva, pode ser que esse comportamento fique muito mais compreensível se você o interpretar como o de uma criança assustada fazendo birra.

Você já deve ter passado por situações em que se sentiu lidando com uma criança na forma de um adulto. Se notar que alguém de repente reage com o que parece ser uma emoção desproporcional para a ocasião, preste atenção. Sentir-se repentinamente irritado, magoado, na defensiva ou ofendido pode ser uma pista de que algum ponto nevrálgico foi tocado. O inconsciente — seja a sombra, seja a criança interior, ou ambas — foi ativado de alguma forma.

Um bom sinal de que você está lidando com alguém identificado com seu eu infantil ocorre caso você se sinta posicionado como uma mãe ou um pai. Esperamos que adultos assumam responsabilidades, demonstrem autocontrole e se comportem com racionalidade e respeito pelos outros. Mas um adulto em seu modo criança pode ser (psicologicamente falando) como uma criança, de tal forma que você se vê pressionado a responder de modo paterno, ou seja, tentando acalmá-lo, repreendendo-o ou assumindo responsabilidades que são dele.

Digamos que você tenha sido instruído a trabalhar com alguém novo em sua empresa. Essa pessoa se mostra ausente em reuniões e não contribui com a parte dela no trabalho, deixando a seu cargo solucionar toda a confusão. Quando você a confronta, ela faz bico e fica de mau humor. Você percebe que ela está totalmente identificada com sua criança interior — que, por sua vez, é uma criança difícil e rebelde. Sabendo disso, você se abstém de entrar no modo "mãe" ou "pai" e não toma para si a responsabilidade de castigá-la, tampouco tenta encontrar uma maneira de suborná-la para que cumpra o trabalho dela.

Talvez esse seu colega tenha aprendido desde cedo que essa é a maneira de responder à autoridade, às responsabilidades ou às coisas que ele não deseja fazer. Ao acessar seu lado adulto, porém, você consegue alterar a dinâmica e impossibilita sua permanência no modo criança. O que poderia ter sido um conflito pior acaba sendo resolvido.

Trata-se de uma mudança sutil, mas poderosa — não olhe apenas para o comportamento em sua concretude, mas para *a sua origem e o seu motivo*. É verdade que isso nem sempre aumentará as nossas escolhas sobre o que fazer, mas enriquecemos a nossa compreensão da situação, o que é sempre valioso.

Uma das contribuições duradouras da psicologia para o senso comum é a ideia de que podemos interpretar situações e acontecimentos não apenas em termos de suas características práticas, mas das pessoas envolvidas e de suas necessidades e motivações humanas. Vamos nos debruçar sobre isso na próxima seção.

O FATOR MOTIVAÇÃO: PRAZER OU DOR

Se observar com atenção e entender as verdadeiras motivações de uma pessoa, poderá entendê-la muito melhor, talvez a ponto de ser capaz de prever como ela agirá no futuro. Usar essa abordagem psicológica lhe confere a oportunidade de entrar na perspectiva de outras pessoas, entendendo, assim, o que elas *ganham* pensando e se comportando daquela maneira. Com isso em mente, suas interações se tornarão instantaneamente mais ricas.

Esse ganho está entrelaçado com emoções e valores, porque com frequência estão todos voltados para os mesmos fins. É apenas mais uma perspectiva sobre por que alguém age de determinada maneira e o que podemos entender a partir disso.

De todas as especulações sobre as fontes de motivação, nenhuma é mais famosa do que o *princípio do prazer*. A razão do nome é o que o torna fácil de entender. O princípio do prazer foi trazido pela primeira vez à consciência pública pelo pai da psicanálise, Sigmund Freud, embora pensadores desde Aristóteles, na Grécia antiga, já tivessem detectado que podemos ser facilmente manipulados e motivados pelo prazer e pela dor.

O princípio do prazer indica que a mente humana faz tudo o que pode para experimentar o prazer e evitar a dor. Nada mais simples do que isso. Nessa simplicidade, encontramos alguns dos motivadores mais previsíveis e universais.

O princípio do prazer é empregado por nosso cérebro reptiliano, considerado o lar dos nossos impulsos e desejos naturais. Ali não há qualquer senso de restrição — tudo é instintivo, nada é filtrado. Ele busca atender aos desejos do nosso corpo na busca da felicidade e da satisfação. Qualquer coisa que cause prazer é sentida pelo cérebro da mesma maneira, seja uma refeição saborosa, seja uma droga. Uma comparação que se pode fazer, aliás, é com um dependente químico, que fará de tudo para sentir mais uma vez o efeito da droga.

Existem algumas regras que regem o princípio do prazer, o que também nos torna bastante previsíveis.

Toda decisão que tomamos é baseada em ganhar prazer ou evitar a dor. E isso vale para todas as pessoas na face da Terra. Não importa o que façamos ao longo dos nossos dias, tudo se resume ao princípio do prazer. Você ataca a geladeira porque deseja o sabor e a sensação de determinado alimento. Você corta o cabelo porque acha que isso o tornará mais atraente para outra pessoa, o que fará com que se sinta feliz, o que equivale ao prazer.

Por outro lado, você coloca uma máscara protetora ao operar um maçarico porque quer evitar que faíscas atinjam seu rosto e seus olhos, porque isso seria doloroso. Se analisar todas as suas decisões, de curto ou longo prazo, descobrirá que todas elas decorrem de um pequeno conjunto de prazeres ou dores.

Nós nos esforçamos mais para evitar a dor do que para obter prazer. Embora todo mundo busque o prazer ao máximo, sua motivação para evitar a dor é, na verdade, mais forte ainda. O instinto de sobrevivência em uma situação ameaçadora é mais imediato do que o de comer seu chocolate favorito, por exemplo. Então, quando confrontado com a perspectiva de dor, o cérebro se esforçará mais do que para ter acesso a prazeres.

Por exemplo, imagine que você está no meio de uma estrada deserta. Na sua frente há um baú cheio de dinheiro e joias caras que poderiam lhe garantir conforto para o resto de sua vida. Mas também há um caminhão desgovernado vindo na direção do baú. Você provavelmente tomará a decisão de saltar para longe do caminhão em vez de pegar o baú do tesouro, porque o seu instinto de evitar a dor — nesse caso, a morte — supera o seu desejo de obter prazer.

Se você chegou ao fundo do poço e enfrentou uma enorme quantidade de dor ou desprazer, é preciso agir para evitar que isso aconteça de novo no futuro. Um animal ferido demonstra mais motivação do que aquele que se sente apenas um pouco desconfortável.

Nossas percepções de prazer e dor são motivadoras ainda mais poderosas do que a realidade. Quando nosso cérebro analisa uma situação que poderia ser agradável ou dolorosa, ele se baseia em *suposições* do que aconteceria caso tomássemos tal atitude. Em outras palavras, são nossas *percepções* de prazer e dor que guiam essa decisão. E às vezes essas percepções podem ser inexatas. Aliás, elas são em sua maioria inexatas, o que explica nossa tendência de nos sabotar.

Não consigo pensar em um exemplo melhor para isso do que os *chapulines* com jalapeño. Trata-se de um aperitivo mexicano tradicional, muito saboroso e com baixo teor de carboidratos. Aliás, *chapulines* são gafanhotos. Estamos falando de gafanhotos com pimenta. Os insetos, sabe?

Veja só, você pode não saber que gosto os gafanhotos têm. Talvez nunca tenha experimentado um. Mas a *ideia* de comer gafanhotos pode fazê-lo hesitar. Imaginar que causarão uma reação aversiva na língua. Que, se você morder um, sentirá nojo. Você pode acidentalmente morder um órgão interno do insetinho. A *percepção* de comer um gafanhoto o afasta do ato de comer um.

Mas o fato é que *você nunca experimentou*. Sua reação se baseia na *ideia* de repulsa do que seria comer um gafanhoto. Alguém que realmente tenha experimentado gafanhotos em sua culinária pode insistir que eles são *gostosos*, desde que bem-preparados. Ainda assim, você pode não ser capaz de superar sua percepção inata do que seria comer um inseto.

Prazer e dor mudam com o tempo. Em geral, nós nos concentramos no aqui e no agora: o que posso conseguir no futuro próximo que me trará felicidade? Além disso, o que acontecerá muito em breve que poderá ser intensamente doloroso, mas que eu posso evitar? Com nosso conforto em mente, ficamos mais atentos sobre o que pode acontecer de imediato. O prazer e a dor que podem acontecer daqui a meses ou anos não nos preocupam — o mais importante é o que está bem à nossa porta. Claro, isso também torna as nossas percepções falhas, além de nos fazer procrastinar, por exemplo.

Imaginemos que um fumante precise de um cigarro. É seu foco principal no momento. Isso lhe trará certo alívio ou prazer. E, em cerca de quinze minutos, haverá uma pausa durante a qual ele poderá desfrutar de seu cigarro. Ele foca nesse ritual diário. *Não* pensa em como fumar um cigarro toda vez que "precisa" pode causar problemas de saúde dolorosos no futuro. Essa é uma realidade distante que não o impulsiona de nenhuma maneira no momento presente. Agora, ele só precisa fumar porque deseja um cigarro e terá dor de cabeça se não conseguir fazer isso.

A emoção vence a lógica. Quando se trata do princípio do prazer, os sentimentos tendem a ofuscar o pensamento racional. Você pode até saber que fazer algo será bom ou ruim para você e entende as razões do efeito. No entanto, se o seu id ilógico está focado em satisfazer certo desejo, ele provavelmente irá vencer. E, se o seu id o levar a pensar que fazer algo útil causará muito estresse ou insatisfação temporária, ele vai vencer também.

Voltando ao nosso fumante, sem dúvida ele sabe que cigarros são prejudiciais para a saúde. Ele leu o aviso na embalagem. Talvez na escola tenha visto a imagem de um pulmão corroído, resultado de anos de tabagismo. Ele *sabe* de todos os riscos a que está se expondo. Mas há um maço bem na frente dele. E que se dane toda essa lógica, ele vai fumar. Suas emoções o orientam para que o prazer vença.

A sobrevivência sobrepõe-se a tudo. Quando nosso instinto de sobrevivência é ativado, os demais aspectos de nossa estrutura psicológica e emocional se desligam. Se houver risco de morte (ou uma *percepção* desse risco), o cérebro bloqueia todo o resto e nos transforma em uma máquina cujos pensamentos e ações se voltam unicamente à vontade de sobreviver.

Isso não deveria ser surpreendente quando se trata de evitar resultados dolorosos. *Claro* que tentaremos escapar do caminhão desgovernado; se não fizermos isso, morreremos.

Seu sistema não permitirá que você faça essa escolha — ele fará tudo que puder para tirá-lo do caminho.

No entanto, a sobrevivência *também* pode entrar em jogo quando estamos em busca de prazer — mesmo que isso signifique que possamos enfrentar perigos. O exemplo mais óbvio disso é a comida. Digamos que você esteja em um bar e alguém peça uma porção de nachos transbordando de queijo, *sour cream*, carne gordurosa e um monte de outras coisas que podem não ser as melhores opções de dieta balanceada. *Pode ser* que você seja capaz de resistir a isso. Algumas pessoas são. Mas pode ser que não. Na verdade, você pode acabar comendo metade da porção antes mesmo de ter consciência do que está fazendo.

Por quê? Porque você precisa de comida para sobreviver. E seu cérebro está lhe dizendo que há comida nas proximidades e que talvez você devesse comê-la. Não importa que não seja o melhor tipo de alimento do ponto de vista nutricional. Seu instinto de sobrevivência está lhe dizendo que você deve comer os nachos. Sua vida depende disso.

O princípio do prazer está relacionado a uma ideia da economia, da tentativa de prever mercados e comportamento de compra: a *teoria da escolha racional*, encarnada pelo *Homo economicus*. Segundo essa teoria, todas as nossas escolhas e decisões são inteiramente baseadas no interesse próprio e no desejo de trazer o máximo de prazer para nossas vidas. Nem sempre isso acontece (caso contrário, o mercado e os preços das ações seriam 100% previsíveis), mas a noção é útil porque se baseia na natureza simples de muitas das nossas motivações.

Na próxima vez que você conhecer alguém ou estiver tentando entender alguém, olhe para suas ações em termos da motivação do prazer ou da dor. Pergunte-se o que de bom aquela pessoa ganha ao se comportar de determinada forma ou que coisa ruim ela evita — ou analise ambas as coisas.

Por exemplo, se você tem um filho de cinco anos cansado, que não quer arrumar seus brinquedos, considere a questão de prazer e dor e se pergunte como ele percebe sua solicitação: deve soar muito dolorosa! Quando percebe que as pessoas agem para evitar a dor e maximizar seu próprio prazer, você pode reformular seus pedidos. Se arrumar os brinquedos puder virar um jogo divertido, por exemplo, ou se você puder vincular a ação à expectativa de uma recompensa, é possível que você se comunique de forma eficaz e obtenha o resultado que deseja.

Claro, você provavelmente está se perguntando se essa teoria sempre se aplica — e a resposta é não. Pessoas são capazes de desenvolver disciplina, moderação e autocontrole; são capazes de desejar genuinamente coisas que só lhes trarão prazer no futuro e de ajudar outras pessoas sem benefício próprio. Embora o princípio do prazer e da dor possa funcionar bem no treinamento de cães, você provavelmente gosta de pensar em si como um ser um pouco mais complexo do que isso do ponto de vista moral.

Por exemplo, existem muitas histórias de prisioneiros mantidos em campos de concentração durante o Holocausto que, mesmo morrendo de fome, escolhiam compartilhar o pouco de comida que tinham com aqueles ao seu redor. Naturalmente, um ser humano é levado a agir por muitos outros motivos além do simples ato de busca por prazer ou de distanciamento da dor. É por isso que aprender a entender pessoas exige que levemos em consideração teorias e modelos diferentes — nenhum deles é suficiente sozinho.

Na seção a seguir, veremos outra teoria baseada nas necessidades que pode nos ajudar a entender melhor as pessoas que agem fora da dinâmica prazer/dor e por quê.

A PIRÂMIDE DE NECESSIDADES

A hierarquia de necessidades de Maslow é um dos modelos mais famosos da história da psicologia. Ele usa uma pirâmide para mostrar como certas "necessidades" humanas — como comida, sono e abrigo — precisam ser resolvidas antes de necessidades mais aspiracionais, como amor, realizações e vocação. A pirâmide de Maslow pode ser vista como uma representação visual de como a motivação muda e aumenta depois que conseguimos o que precisamos em cada estágio da vida, o que em geral coincide com onde estamos na própria hierarquia.

Quando o professor de Psicologia Abraham Maslow apresentou suas contribuições na década de 1940, sua teoria resumiu tudo em uma única ideia revolucionária: o ser humano é produto de um conjunto de necessidades básicas, e privá-lo dessas necessidades é a principal causa da maioria dos problemas psicológicos. Satisfazê-las é o que nos move diariamente.

A hierarquia, agora nomeada em sua homenagem, mapeia necessidades e desejos humanos básicos e como eles evoluem ao longo da vida. Funciona como uma escada — se você não for capaz de satisfazer suas necessidades fundamentais mais básicas, é extremamente difícil seguir em frente sem estresse e insatisfação. Isso significa que suas motivações mudam dependendo de onde você está na hierarquia.

Para ilustrar, vamos dar uma olhada em como nossas necessidades e motivações mudam da infância até a idade adulta. Quando crianças, nós não sentimos nenhuma necessidade de ter uma carreira ou realizações. Nós simplesmente precisamos descansar, ser alimentados e ter um teto sobre nossas cabeças. Alimento e sobrevivência são nossas únicas necessidades e desejos reais (como bem sabem os pais de recém-nascidos).

À medida que crescemos e chegamos à adolescência, apenas permanecermos vivos e saudáveis já não traz satisfação. Temos fome de relacionamentos interpessoais e amizades. Somos movidos a encontrar um sentimento de comunidade e pertencimento. Depois, como jovens adultos, ter um grande grupo de amigos já não é mais suficiente para nos satisfazer. Torna-se vazio, aliás, como se não houvesse um senso geral de propósito. Se tivermos a sorte de obter segurança e estabilidade financeira para nós e para as nossas famílias, nossos desejos e necessidades podem se voltar para fora em vez de para dentro. É por isso que pessoas como Warren Buffett e Bill Gates começaram a praticar a filantropia, de modo a causar o maior impacto positivo no mundo que estivesse ao alcance deles.

Os estágios da hierarquia de necessidades de Maslow determinam exatamente o que nos motiva, dependendo de onde estivermos nela.

O primeiro estágio é o da satisfação fisiológica. Isso é facilmente percebido no cotidiano de um bebê. Tudo o que importa para ele é que suas necessidades básicas de sobrevivência sejam satisfeitas (alimentação, água e abrigo). Sem segurança nesses aspectos, é difícil para qualquer um concentrar-se em satisfazer qualquer outra coisa — e seria prejudicial procurar outras formas de satisfação. Então, esse é o nível básico a ser atendido.

O segundo estágio é o da segurança. Se estivermos com a barriga cheia, vestidos e com um teto sobre nossas cabeças, precisamos encontrar uma maneira de garantir a manutenção dessas coisas. Precisamos de uma fonte segura de renda ou de recursos para aumentar a certeza e a longevidade da segurança.

As duas primeiras etapas são projetadas para garantir a sobrevivência global. Infelizmente, muitas pessoas nunca conseguem ir além dessas duas etapas devido a circunstâncias infelizes, e você pode entender claramente por que elas não se preocupam em cumprir seu potencial.

O terceiro estágio é o do amor e do pertencimento. Agora que sua sobrevivência está garantida, você se descobre relativamente vazio por não compartilhar dessas coisas com pessoas de quem você gosta. Os seres humanos são criaturas sociais, e estudos de caso mostram que viver em isolamento literalmente causa insanidade e instabilidade mental, não importa quão bem alimentado ou seguro você esteja. Isso inclui relacionamentos com amigos e familiares e socialização suficiente para que você sinta que tem uma vida social.

É claro que essa fase é um grande obstáculo para muitas pessoas — e elas sentem que são incapazes de se realizarem ou de focarem em desejos mais elevados porque lhes faltam os relacionamentos que garantem um estilo de vida saudável. Não é fácil imaginar alguém preso em um nível baixo de felicidade porque não tem nenhum amigo?

O quarto estágio é o da autoestima. Você pode até ter relacionamentos, mas eles são saudáveis e o fazem sentir-se confiante e que tem apoio?

Esta etapa trata de como suas interações com os outros impactam sua relação consigo mesmo. Trata-se de um nível muito interessante de maturidade em termos de necessidades porque evolui até a autoaceitação. Você sabe que dispõe de um nível saudável de autoestima quando pode se aceitar mesmo quando se sente incompreendido ou até odiado por outros. Para chegar a esse estágio e ter um nível saudável de autoestima, você tem de acumular certas conquistas ou o respeito dos outros. Existe uma forte interação entre como você se dá com os outros e os ajuda e como você lida consigo mesmo.

O estágio final é o da autoatualização. O nível mais alto da hierarquia de Maslow é a autoatualização. Ela ocorre quando você é capaz de viver por algo superior além de si mesmo e suas necessidades. Você sente que precisa se conectar com princípios que exigem que você vá além do que lhe é conveniente e confortável. Este é o plano da moralidade, criatividade, espontaneidade, falta de preconceito e aceitação da realidade.

A autoatualização é colocada no topo da pirâmide porque é a mais alta (e última) necessidade que as pessoas têm. Todos os níveis inferiores precisam ser atendidos antes que uma pessoa possa alcançar esse último nível. Você percebe estar diante de uma pessoa que opera em um nível verdadeiramente alto quando ela não se concentra tanto no que é importante para ela, em sua autoestima ou em como os outros a percebem. Esse é o estágio em que as pessoas estão quando dizem que querem encontrar sua vocação e seu propósito na vida.

A teoria de Maslow pode não descrever todos os nossos desejos diários, mas fornece um inventário geral do que queremos na vida. Ao observar pessoas, podemos entender em que fase da vida elas estão, o que é atualmente importante para elas e do que elas precisam para passar ao próximo nível na hierarquia.

Considere uma terapeuta que trabalha em um abrigo para mulheres. Ela pode usar a pirâmide de necessidades para decidir como aproximar-se e comunicar-se com as mulheres que estão ali em busca de ajuda. Ela sabe que, quando uma mulher aparece pela primeira vez, ela está preocupada principalmente com sua segurança *física*. Se estiver fugindo da violência doméstica, tentando garantir uma renda ou preocupada com o bem-estar dos filhos, ela não estará em posição de se sentar e trabalhar com uma apostila açucarada sobre amor-próprio. Ao mesmo tempo, uma mulher que já está no abrigo há alguns meses e tem suas necessidades físicas em grande parte atendidas pode estar em busca de companheirismo e pertencimento. A terapeuta sabe que ela precisa fazer amizades e pode apoiá-la nisso.

Seria totalmente inútil tentar conversar com qualquer uma dessas mulheres sobre conceitos de alto nível, como perdoar compassivamente seu agressor, ou tentar dar sentido à sua história. Por outro lado, uma mulher que sobreviveu à violência doméstica e se recuperou pode ter necessidades mais altas na hierarquia e buscará mais por si mesma. Uma boa terapeuta usará esse conhecimento para entender as mulheres e assim adaptar seus conselhos e seu apoio para corresponder à motivação mais profunda de cada uma delas. Uma terapeuta assim seria, sem dúvida, descrita como uma pessoa que entende as demais.

Mas digamos que um dia a terapeuta encontre uma mulher que apanhou gravemente do parceiro, mas ainda assim nega que tenha sido abusada e simplesmente muda de assunto quando alguém o menciona. O que acontece nesse caso? Nossa próxima seção explora uma forma fundamental pela qual as pessoas buscam o prazer, evitam a dor e tentam atender às suas necessidades: os mecanismos de defesa.

A DEFESA DO EGO

Proteger-se dos outros é uma explicação frequente para nossos comportamentos, e nós somos altamente motivados a proteger o ego por uma miríade de razões. O instinto do ego de se proteger pode distorcer a realidade e causar desonestidade intelectual e autoengano. Assim, trata-se de outro indicador de alta previsibilidade que podemos usar para analisar o comportamento das pessoas.

Alguém que tenha um desempenho insatisfatório no trabalho pode sentir a necessidade de proteger suas habilidades e talentos, desviando a responsabilidade para: "O chefe nunca gostou de mim. E quem me treinou? Ele! Isso é tudo culpa dele, de uma forma ou de outra". Alguém que tropeça e cai, mas se imagina coordenado e gracioso, vai culpar o fato de ter chovido seis dias atrás e dizer que seus sapatos escorregam e "Quem colocou aquela pedra ali?!". Alguém que não consiga entrar no time de basquete da escola resmunga que o treinador o odeia, que não está acostumado àquele estilo específico de jogo e que *nem* queria entrar no time mesmo.

Isso é o que acontece quando o ego intervém para se proteger. Há tanta justificativa e desvio que é difícil saber o que é real ou não.

Tudo isso decorre da verdade universal de que ninguém gosta de estar errado ou de falhar. Diante do erro, sentimos vergonha, o que confirma todas as nossas piores ansiedades sobre nós mesmos. Em vez de aceitar que estamos errados e aprender com isso, nosso primeiro instinto é correr da nossa vergonha e nos encolher em um cantinho. Essa é a mesma razão pela qual persistiremos em um argumento até a morte, mesmo sabendo que estamos 100% errados. Se o ego tivesse uma manifestação física, seria grande, sensível e fortemente blindada (capaz também de partir para a ofensiva) — enfim, um porco-espinho gigante.

Quando o ego pressente o perigo, ele não tem interesse nem tempo de reduzir a velocidade para considerar os fatos. Em vez disso, procura aliviar o desconforto da maneira mais rápida possível, e isso significa que mentimos para nós mesmos para manter o ego são e salvo.

Tentamos encobrir a verdade, desviar a atenção ou desenvolver uma versão alternativa que faça a verdade parecer menos dolorosa. E é nesse momento que nasce a desonestidade intelectual. Essas teorias complicadas que criamos resistiriam a um exame minucioso? Provavelmente, não, mas o problema é que o ego não permite o reconhecimento e a análise do que de fato aconteceu. E isso nos cega.

Sejamos claros: não se trata de mentiras que você elaborou com antecedência. Você não *quer* mentir para si mesmo. Você, aliás, nem *sente* que são mentiras. Você pode nem saber que está fazendo isso, pois às vezes esses mecanismos de defesa ocorrem de modo inconsciente. Eles não são desonestos de maneira explícita, porque você *quer* deliberadamente se iludir. São estratégias automáticas que o ego, em um estado constante de neurose, coloca em ação porque tem medo de parecer tolo ou errado. Infelizmente, essa é a pior zona para se estar, pois significa que *você não sabe o que não sabe.*

Com o tempo, esses erros motivados pelo ego em nosso pensamento moldam todo o nosso sistema de crenças e fornecem justificativas racionalizadas para quase tudo. Você nunca foi chamado para entrar no time porque os treinadores sempre o odiaram; você não passa na prova da autoescola porque sua coordenação olho-mão é *muito especial.*

Essas mentiras acabam se tornando toda a sua realidade, e você confia nelas para superar situações problemáticas ou descartar esforços para encontrar a verdade. Não estamos falando de desculpas por você não ser um virtuoso do violino; essa maneira de pensar pode se tornar o fator central que impulsiona as suas decisões, seus pensamentos e suas avaliações de qualquer coisa e qualquer um.

Então, se você tem dificuldade para entender alguém que parece não ser capaz de pronunciar as palavras "Estou errado", agora sabe exatamente o que se passa na cabeça desse indivíduo. Ele pode não saber, mas pelo menos você é capaz de analisá-lo mais profundamente.

Vamos pensar em Fred. Ele sempre foi um grande fã de uma estrela pop, cresceu ouvindo suas músicas e formou muito de sua identidade em torno dessa admiração. Forrou as paredes de seu quarto com pôsteres e seu guarda-roupa com peças inspiradas nela.

No fim de sua carreira, essa estrela pop é levada a julgamento por um crime grave. Fred mantém-se firmemente ao lado de seu ídolo, mesmo quando detalhes sombrios de seu caso vêm à tona pela imprensa. *Ninguém que eu admire tanto poderia ter feito isso*, pensa Fred. *Não passa de uma conspiração de pessoas invejosas.*

A estrela pop é declarada culpada e condenada a vários anos de prisão. Fred aparece do lado de fora do tribunal carregando um cartaz para defender sua inocência. Mesmo que evidências convincentes tenham sido divulgadas pela imprensa, Fred afirma que a estrela é inocente, descartando todas as alegações das vítimas, protestando que não passam de "inveja" e que "estão querendo aparecer".

Por que Fred continuaria a insistir, apesar de todas as evidências razoáveis e comprováveis? Porque seu ego está tão envolvido em sua adoração que se torna predisposto a não ver culpa nenhuma. Acreditar na verdade significaria um golpe devastador em quase tudo em que ele acreditava ("Eu idolatro uma pessoa criminosa? O que isso diz sobre mim?"), e o ego não permitiria que isso acontecesse — mesmo que signifique fazê-lo negar provas convincentes e inabaláveis.

Quando confrontado pela busca pela verdade e pela clareza de pensamento, o ego ergue sua cabeça feia, como se fosse um porco-espinho enfurecido. Cria uma série de barreiras táticas para impedir que você saiba de algo que perturbe suas crenças, e é somente depois de você aprender a controlá-lo que terá abertura para reconhecer a verdade. Afinal, você não teria como se defender e assimilar essa verdade ao mesmo tempo.

Os mecanismos de defesa são formas específicas de protegermos nosso ego, nossa vaidade e nossa autoestima. São esses métodos que nos mantêm íntegros em tempos difíceis. Sigmund Freud foi quem sugeriu o termo.

Os chamados mecanismos de defesa são também um poderoso preditor de comportamentos e lhe proporcionarão uma visão profunda sobre por que as pessoas fazem o que fazem. Os mecanismos de defesa podem assumir formas muito variadas, mas existem alguns padrões comuns que você pode enxergar nos outros (e, espero, também em si!). Esses escudos psicológicos surgem quando o ego pressente algo com que ele não concorda, ou que não consegue enfrentar, ou que deseja não ser verdadeiro.

Perda, rejeição, incerteza, desconforto, humilhação, solidão, fracasso, pânico... Tudo isso pode ser combatido com alguns truques mentais. Esses mecanismos existem para nos proteger de emoções negativas. Eles até funcionam no momento presente, mas, a longo prazo, são ineficazes, pois nos roubam a oportunidade de enfrentar, aceitar e digerir emoções negativas à medida que aparecem.

Ao observar uma pessoa recorrendo a um mecanismo de defesa, você pode derivar inúmeras inferências imediatas sobre ela e seu mundo, sobretudo sobre as coisas com as quais ela é incapaz de lidar. Isso lhe diz muito sobre como ela se vê, suas forças e fraquezas, e o que ela valoriza. Vamos examinar alguns exemplos concretos. Você pode reconhecer os dois mecanismos de defesa a seguir propostos pela filha de Sigmund Freud, Anna Freud: negação e racionalização.

A ***negação*** é um dos mecanismos de defesa mais clássicos. Suponhamos que você tenha descoberto que o seu desempenho no trabalho é considerado insatisfatório. "Não, eu não acredito que aquele relatório classifica todos os funcionários. Não é possível que eu seja o último. Nem pensar! O computador deve ter somado incorretamente."

O que é verdadeiro é simplesmente considerado falso, como se isso fizesse com que tudo desaparecesse. Você age como se um fato negativo não existisse. Às vezes, não percebemos que fazemos isso, sobretudo em situações tão terríveis que nos parecem insólitas.

Ao dizer "não" com frequência suficiente, você acaba acreditando em si, e aí é que reside o apelo da negação. Você está de fato mudando sua realidade, utilizando-se de mecanismos de defesa para torná-la mais aceitável. Esse é o mecanismo de defesa mais perigoso, porque, mesmo que haja um problema grave, ele é ignorado e nunca corrigido. Se alguém persiste na crença de que é um excelente piloto, apesar de uma série de acidentes no ano passado, é improvável que essa pessoa procure praticar suas habilidades na direção.

A ***racionalização*** ocorre quando você explica demais algo negativo.

É a arte de inventar desculpas. O mau comportamento ou o fato adverso ainda permanece, mas é transformado em algo inevitável porque as circunstâncias fogem do seu controle. O resultado é que qualquer coisa negativa não é culpa sua, portanto você não deveria ser responsabilizado. Nunca é um problema nas suas habilidades. Esse mecanismo é extremamente conveniente e limitado apenas pela sua imaginação.

Retomando o exemplo anterior de mau desempenho no trabalho, ele seria facilmente explicado pelo seguinte: seu chefe secretamente odeia você; seus colegas de trabalho conspiram contra você; o computador não consegue calcular suas habilidades interpessoais; o trânsito imprevisível afeta sua pontualidade; você mantém dois empregos ao mesmo tempo. Essas desculpas frágeis são tudo de que seu ego precisa para se proteger.

A racionalização é a personificação da fábula da raposa e as uvas. Uma raposa queria alcançar algumas uvas no alto de uma parreira, mas não conseguia. Para se sentir melhor com sua falta de habilidade para saltar, ela se consola dizendo que as uvas parecem estar verdes, então ela não está perdendo grande coisa. A raposa ainda está com fome, mas prefere o desdém a ter de admitir seu fracasso.

A racionalização também pode nos ajudar a ficar em paz com as decisões erradas que tomamos, com frases como: "Mais cedo ou mais tarde isso aconteceria". Ela garante que você nunca tenha que enfrentar fracasso, rejeição ou negatividade. A culpa é sempre de outra pessoa!

Embora seja reconfortante, onde estão a realidade e a verdade em meio a tudo isso? Em lugar nenhum. A honestidade intelectual exige que você primeiro derrote suas tendências naturais de ser desonesto. Pensamentos ditados pela autoproteção não se sobrepõem a pensamentos claros e objetivos.

Intimamente associada a esses outros mecanismos está a ***repressão***. Se na negação a realidade é recusada ou totalmente rejeitada, a repressão ocorre quando a pessoa empurra o pensamento ou o sentimento para tão longe da consciência que "se esquece" dele. É como se a emoção ameaçadora nunca tivesse existido. Um exemplo é uma criança que sofre abuso. Por ser tão doloroso, e porque ela não tinha meios de se ajudar a sair da situação, ela pode afastar essa memória para longe, de modo a nunca ter de lidar com o fato.

Às vezes, a emoção avassaladora é indesejável, mas o que é realmente inaceitável para o ego é de *onde* ela vem. Nesse caso, o ***deslocamento*** pode ocorrer como proteção contra verdades desagradáveis. Uma mulher, por exemplo, pode trabalhar em um emprego que ela odeia, mas do qual não pode sair. Simplesmente, ela não pode expressar ou mesmo reconhecer que ela se ressente de seu trabalho porque isso atrairia sua atenção ao seu problema financeiro. O que ela pode fazer, porém, é pegar esse ressentimento e colocá-lo em outro lugar. Ela volta para casa todos os dias e chuta o cachorro ou grita com os filhos, convencida de que são eles que despertam sua raiva. É mais fácil e menos arriscado confrontar seus sentimentos de raiva quando são direcionados aos animais de estimação ou às crianças.

A ***projeção*** é um mecanismo de defesa que pode causar danos consideráveis e até caos se não for compreendida pelo que é. Nesse caso, nós colocamos os sentimentos indesejados e não reconhecidos em alguém ou em outra coisa em vez de enxergá-los como parte de nós mesmos. Não reconhecemos o nosso "lado sombrio" e o projetamos nos outros, culpando-os por nossas deficiências ou vendo em suas ações falhas que na verdade são nossas.

Um exemplo disso é o homem que está traindo sua esposa. Ele considera seu comportamento inaceitável, mas, em vez de se permitir condenar suas próprias ações, ele projeta aquela vergonha em sua parceira (perplexa) e de uma hora para outra fica desconfiado de seu comportamento, acusando-a de esconder algo *dele*.

O exemplo de um homem flagrantemente homofóbico que mais tarde se revela gay é tão comum hoje em dia que soa quase cômico. Por trás disso, pode haver uma ***formação reativa***. Enquanto a negação simplesmente diz: "Isso não está acontecendo", a formação reativa vai além: "Não só isso não está acontecendo, como a verdade é exatamente o oposto disso. Olhe!".

Uma mulher pode ficar aterrorizada com seu novo diagnóstico de câncer e, em vez de admitir seu medo, dá um show de coragem, pregando aos outros que a morte não é nada a se temer.

Em momentos de extremo sofrimento emocional, você pode acabar regredindo para uma época mais simples (ou seja, a infância). Trata-se do mecanismo de ***regressão***. Quando você era pequeno, a vida era mais fácil e menos exigente — para lidar com emoções ameaçadoras, muitos de nós voltamos para essa época, adotando comportamentos "infantis" como forma de defesa. Um homem pode estar enfrentando algum problema legal devido a impostos mal calculados. Em vez de enfrentar a situação, ele passa a gritar com seu contador, batendo os punhos na mesa como em um acesso de "birra" e depois fazendo bico quando as pessoas tentam argumentar com ele.

Finalmente, chegamos à ***sublimação***. Da mesma forma que a projeção e o deslocamento pegam as emoções negativas e as colocam em outros lugares, a sublimação canaliza essas emoções de uma forma diferente e mais aceitável. Um homem solteiro pode achar a solidão em casa insuportável e canalizar isso para a caridade, trabalhando como voluntário quatro noites por semana. Uma mulher pode receber más notícias, mas, em vez de ficar chateada, ela vai para casa e põe-se a fazer uma grande faxina. Uma pessoa pode transformar rotineiramente o pânico e a ansiedade em uma devoção à oração e assim por diante.

A defesa do ego é um hábito desagradável, mas também um hábito fácil de localizar quando você reconhece sua presença insidiosa. Às vezes, não conseguimos evitá-la afinal, somos todos humanos. Porém, podemos usá-la em benefício próprio, isto é, para analisar as pessoas.

APRENDIZADOS

- Conversamos sobre analisar e prever o comportamento das pessoas com base em suas emoções e seus valores, mas e quanto à motivação? Existem modelos bastante universais de motivação que funcionam como estruturas úteis na hora de entender as pessoas. Quando consegue identificar o que motiva as pessoas, você vê como tudo aponta para essas motivações, direta ou indiretamente.

- Qualquer discussão sobre motivação deve começar com o princípio do prazer, que, de forma geral, indica que buscamos o prazer e evitamos a dor. Se você pensar bem sobre isso, verá que se trata de um princípio onipresente em nossa vida diária, abrangendo das menores coisinhas às ocorrências mais importantes. Assim, ele de fato torna as pessoas mais previsíveis. Qual é o prazer que as pessoas procuram e qual é a dor que estão evitando? Estão sempre lá, de uma forma ou de outra.

- Em seguida, passamos para a pirâmide de necessidades, também conhecida como a hierarquia de necessidades de Abraham Maslow. Ela mostra que todos buscamos diferentes tipos de necessidade em variados pontos da vida; quando puder observar em que nível outras pessoas estão, você entenderá o que estão procurando e o que as motiva nesse sentido. Os níveis da hierarquia são os seguintes: satisfação fisiológica, segurança, amor e pertencimento, autoestima e autoatualização. É claro que esse modelo, assim como o próximo, também funciona baseado no princípio do prazer.

◈ Finalmente, chegamos à defesa do ego. Trata-se de um dos nossos mais poderosos motivadores, mas é quase sempre inconsciente. Em suma, agimos para proteger o nosso ego de qualquer coisa que nos faça nos sentir psicologicamente *inferiores*. E isso é tão poderoso que nos permite distorcer a realidade e mentir para nós mesmos e para os outros — de modo inconsciente. Usamos os mecanismos de defesa para evitar responsabilidades e sentimentos negativos, o que inclui negação, racionalização, projeção, sublimação, regressão, deslocamento, repressão e formação reativa, para citar alguns. Quando você sabe que o ego está em jogo, o mecanismo de defesa com frequência ocupa o primeiro lugar em detrimento de outras motivações.

CAPÍTULO 2

O CORPO, O ROSTO, O CONJUNTO

É ATRAENTE A IDEIA DE QUE, DE UMA FORMA OU DE outra, sempre revelamos nossas verdadeiras intenções e emoções. As pessoas podem *dizer* o que quiserem, mas sabemos que "as ações falam mais alto do que as palavras" e que as expressões faciais e a linguagem corporal podem revelar a verdade de seu eu mais profundo. O fato é que estamos nos comunicando o tempo todo, enviando informações sobre nossas intenções e nossos sentimentos — mas apenas uma pequena fração disso é verbal.

Observar as ações e o comportamento de pessoas em tempo real é o que mais comumente entendemos como analisar pessoas. Pode parecer natural observar o corpo de um indivíduo para intuir o que se passa em sua cabeça, e há muitas provas científicas que apoiam isso. A aparência física pode dizer muito sobre os sentimentos, as motivações e os medos de uma pessoa, mesmo que ela esteja tentando ocultá-los. Em outras palavras, o corpo não mente!

No entanto, essa abordagem não é infalível. Quando interagimos com outras pessoas e tentamos entender o que as motiva, é importante ter cautela ao fazer suposições. Somos todos indivíduos inseridos em um contexto. Embora possamos usar vários métodos para ler expressões faciais e linguagem corporal, vale a pena lembrar que nenhuma informação isolada é suficiente para provar alguma coisa e que a arte de ler pessoas dessa forma se resume a ter uma visão holística do cenário completo à medida que ele se desenrola à nossa frente.

OLHE PARA MIM

Comecemos com Haggard e Isaacs na década de 1960. Eles filmaram rostos de casais durante a terapia e notaram pequenas expressões que só podiam ser captadas quando o vídeo era desacelerado.

Mais tarde, Paul Ekman propôs sua teoria sobre *microexpressões* no livro *Telling Lies*. Todos nós sabemos ler *macro*expressões — ou seja, movimentos faciais que duram até quatro segundos —, mas existem expressões mais fugazes, tão rápidas que podem passar despercebidas ao olho destreinado. De acordo com Ekman, as expressões faciais não passam de reações fisiológicas. Ocorrem mesmo quando você não está perto de alguém para vê-las. Ele descobriu que, em todas as culturas, pessoas exibem microexpressões no rosto de formas muito previsíveis — mesmo quando tentam ocultá-las ou quando elas próprias não têm consciência do que estão sentindo.

A pesquisa de Ekman o levou a acreditar que as microexpressões são espontâneas; trata-se de minúsculas contrações de certos grupos musculares relacionados às emoções. São iguais em todas as pessoas, independentemente de sua educação, origem e cultura. Podem durar até um trigésimo de segundo. Compreendê-las é uma forma de ultrapassar o que é dito para chegar à verdade mais profunda daquilo que as pessoas de fato sentem e acreditam. As macroexpressões podem ser, até certo ponto, forçadas ou exageradas, mas as microexpressões são consideradas mais genuínas e difíceis de falsificar, ou então sugestivas de emoções ocultas ou efêmeras.

Dentro do cérebro, existem duas vias neurais relacionadas às expressões faciais. A primeira é o *trato piramidal*, responsável pelas expressões voluntárias (ou seja, a maioria das macroexpressões); já o *trato extrapiramidal* é responsável pelas expressões faciais involuntárias (isto é, microexpressões). Pesquisadores concluíram que indivíduos que vivenciam situações emocionais intensas, mas também uma pressão externa para controlar ou ocultar suas expressões, apresentam atividade em *ambos*. Isso sugere que esses sistemas podem trabalhar um contra o outro, com as expressões mais conscientes e voluntárias dominando as involuntárias. No entanto, algumas pequenas expressões da emoção real podem "vazar" — e são elas que você procura quando tenta ler uma pessoa.

Então, como podemos aprender a ler essas expressões? Pode-se de fato decodificar os sentimentos mais profundos de uma pessoa apenas olhando para uma contração do nariz ou uma ruga na testa?

De acordo com Ekman, existem seis emoções humanas universais, todas com minúsculas expressões faciais correspondentes. A felicidade é vista nas bochechas levantadas, com os cantos da boca erguidos. Rugas aparecem sob os olhos, entre o lábio superior e o nariz e no canto externo dos olhos. Em outras palavras, os movimentos típicos de um sorriso comum também estão presentes em nível micro.

Microexpressões que sugerem tristeza também são previsíveis. O canto externo dos olhos cai, bem como os cantos dos lábios. O lábio inferior pode até tremer. As sobrancelhas formam um triângulo.

No caso do nojo, o lábio superior se levanta e pode ser acompanhado por rugas acima dele e na testa. Os olhos podem estreitar-se ligeiramente à medida que as bochechas são levantadas.

Na raiva, as sobrancelhas abaixam e ficam tensas, geralmente em um ângulo descendente. Os olhos também tensionam e os lábios podem franzir ou permanecer rigidamente abertos. Os olhos permanecem fixos e penetrantes.

O medo, assim como a raiva, é expresso com contrações semelhantes, mas voltadas para cima. Seja aberta ou fechada, a boca tensiona e as pálpebras superiores e inferiores são levantadas.

Finalmente, a surpresa ou o choque se manifestam com sobrancelhas arqueadas — arredondadas, e não triangulares como as da tristeza. As pálpebras superiores levantam-se e as inferiores esticam-se para baixo, abrindo bem os olhos. Às vezes, a mandíbula se abre ligeiramente.

Como você pode ver, as microexpressões não são muito diferentes das macroexpressões no que diz respeito aos músculos envolvidos; a principal diferença está na velocidade. Ekman demonstrou que esses rápidos *flashes* de contração muscular são tão fugazes que as pessoas não os percebem; aliás, 99% não conseguem percebê-los. No entanto, ele também afirmou que as pessoas podem ser treinadas para mapear microexpressões e, em particular, aprender a detectar mentirosos, ou seja, o exemplo clássico de alguém que diz uma coisa quando está sentindo outra.

Ekman diz ser capaz de ensinar sua técnica em 32 horas, mas, para aqueles que estão curiosos sobre como usar seus princípios, é fácil começar. Em primeiro lugar, procure discrepâncias entre o que é dito e o que é de fato demonstrado nas expressões faciais. Por exemplo, alguém pode estar lhe fazendo promessas verbais, mas mostrando rápidas expressões de medo que denunciam sua hesitação real.

Entre outros indicadores clássicos relacionados à mentira, podemos mencionar o leve erguimento dos ombros quando se insiste que algo é verdadeiro. Coçar o nariz, mover a cabeça para o lado, evitar contato visual e demonstrar incerteza ao falar ou inquietação geral também indicam que a realidade interna de alguém não está exatamente alinhada com a externa — ou seja, a pessoa pode estar mentindo.

Mais uma vez, é importante mencionar que não se trata de um método infalível e que nenhuma pesquisa conseguiu encontrar uma relação efetiva entre linguagem corporal, expressão facial e mentira. Nenhum gesto por si só indica alguma coisa.

Desde as pesquisas de Ekman, muitos psicólogos têm apontado que as discrepâncias nas microexpressões podem, na verdade, indicar desconforto, nervosismo, estresse ou tensão, sem que haja mentira. No entanto, quando usada juntamente com outras ferramentas e considerada no contexto, a análise de microexpressões pode ser poderosa. Mas você precisará olhar atentamente para a pessoa, de uma forma que não seja desconfortável nem óbvia demais. Também terá de eliminar toneladas de dados irrelevantes e decidir quais gestos não passam de "ruído" ou peculiaridades sem sentido.

De qualquer modo, pessoas sem a formação necessária demonstraram ser surpreendentemente ruins em identificar mentirosos — apesar de sentirem que suas intuições sobre a mentira são confiáveis. Isso significa que mesmo um ligeiro aumento na precisão que você possa obter ao compreender e implementar a teoria das microexpressões pode fazer toda a diferença. Uma microexpressão pode ser fugaz, mas não deixa de ser uma informação.

Todo o rumor sobre desmascarar mentirosos pode fazer com que essa técnica pareça bastante combativa e dissimulada, mas Ekman tem o cuidado de salientar que "mentiras" e "enganações", tal como ele as enquadra, também podem indicar a ocultação de uma emoção, e não necessariamente uma maldade intencional. É claro que há um fascínio em se bancar o detetive e descobrir os sentimentos secretos das pessoas, mas, na realidade, o uso da análise de microexpressões é um pouco como investigar a cena de um crime: sempre parece mais impressionante na TV do que na vida real. Além disso, o objetivo da habilidade de analisar microexpressões não é brincar de "Peguei você!" com nossos amigos e colegas, mas sim aumentar nossa empatia e nossa inteligência emocional e promover uma compreensão mais rica das pessoas que nos rodeiam.

Se você não está convencido do uso de microexpressões para detectar mentiras, outra perspectiva é não procurar mentiras nem classificar expressões de acordo com sua duração, mas sim observar o que uma expressão transmite. A depender do contexto e de como a expressão se compara ao que é dito *verbalmente*, você pode chegar às suas próprias conclusões.

O nervosismo normalmente está por trás de movimentos como apertar os lábios ou contrair os cantos da boca muito rapidamente em direção à orelha. Lábios ou queixo trêmulos, sobrancelha franzida, olhos estreitados e boca contraída também podem indicar que a pessoa está se sentindo tensa. Se, enquanto lhe conta uma história na qual você não acredita, perceber muitos desses pequenos sinais em uma pessoa conhecida que em geral se mostra calma e serena, você pode inferir que, por algum motivo, ela está nervosa por contá-la. Talvez ela esteja mentindo, talvez a história simplesmente lhe cause desconforto — só você poderá concluir com base no contexto.

Uma pessoa que sinta antipatia ou discordância pode apertar os lábios com força, revirar os olhos, agitar as pálpebras brevemente ou franzir o nariz. Também pode semicerrar os olhos, como um vilão de desenho animado olhando para o herói; pode, ainda, fechar os olhos ou "zombar" um pouco com uma leve expressão de desdém. Se uma pessoa abrir um presente de Natal que acabou de ganhar e de imediato apresentar todos esses sinais, é possível presumir que ela não tenha gostado do presente, apesar de dizer o contrário.

Pessoas estafadas podem encontrar pequenas maneiras de liberar o estresse e, assim, denunciar como estão se sentindo, mesmo que pareçam calmas. Piscar rápida e incontrolavelmente e fazer movimentos repetitivos, como contrair a bochecha, morder a língua ou tocar partes do rosto com os dedos, são atitudes que podem denunciar o estresse de alguém. Isso pode fazer sentido quando se está em uma entrevista de emprego ou em um depoimento para a polícia, mas pode ser mais digno de nota se você detectar esses sinais em situações aparentemente calmas. Essa discrepância lhe dá uma pista de que nem tudo é o que parece.

Preste atenção também à assimetria nas expressões faciais. Expressões naturais, espontâneas e genuínas de emoção tendem a ser simétricas. Expressões forçadas, falsas ou conflitantes tendem a não ser. Não custa reforçar: tente interpretar o que você vê dentro do contexto e considerar a pessoa como um todo, o que inclui outras linguagens corporais.

Lembre-se de que analisar expressões faciais é um método poderoso de compreender os outros para além da superfície, mas não é infalível. Cada observação que você faz é simplesmente um dado e não prova nada. A habilidade consiste em reunir o máximo de dados possível e interpretar todo o padrão que emerge à sua frente em vez de considerar apenas um ou dois sinais. Por esse motivo, é melhor usar o que você sabe sobre microexpressões como complemento a outros métodos e ferramentas.

CONVERSA CORPORAL

A linguagem corporal pode ser tão poderosa para analisar e compreender alguém quanto as expressões faciais. Afinal, o rosto é simplesmente uma parte do corpo. Por que concentrar-se em apenas uma parte se as posturas e os movimentos gerais das pessoas podem falar com a mesma eloquência?

O ex-agente do FBI Joe Navarro é tido como uma autoridade nesse campo e tem usado a sua experiência para ensinar aos outros sobre a riqueza de informações que as pessoas partilham sem nunca abrirem a boca (o que ele chama de "comunicação não verbal"). Nascido em Cuba, Navarro teve de aprender inglês depois de se mudar para os Estados Unidos quando tinha oito anos e rapidamente percebeu como o corpo humano era "uma espécie de outdoor que anunciava o que a pessoa estava pensando". Ao longo de sua carreira, ele tem falado muito sobre como aprender a identificar os "sinais" das pessoas — aqueles pequenos movimentos que sugerem que alguém está se sentindo desconfortável, hostil, relaxado ou com medo.

Tal como acontece com as expressões faciais, esses sinais podem sugerir enganação ou mentiras, mas indicam, sobretudo, que alguém está desconfortável ou que há uma discrepância entre o que é sentido e o que é expresso. Armados com uma compreensão de como funciona a linguagem corporal, podemos não apenas abrir novos canais para nos comunicar com outras pessoas, mas também prestar atenção ao nosso próprio corpo e às mensagens que enviamos involuntariamente.

Em primeiro lugar, é importante compreender que a comunicação não verbal é inerente, biológica e resultado da evolução. Nossas respostas emocionais a certas circunstâncias são extremamente rápidas e acontecem de modo espontâneo, gostemos ou não. É importante ressaltar que nos expressamos fisicamente a partir do modo como nos apresentamos e movemos o corpo no espaço, e isso resulta na transmissão potencial de milhares de mensagens não verbais.

É a parte mais primitiva, emocional e talvez honesta do nosso cérebro — o cérebro límbico, responsável por essas respostas automáticas. Embora o córtex pré-frontal (a parte mais intelectual e abstrata) esteja um pouco afastado do corpo e sob controle maior do consciente, é também a parte capaz de mentir. Mas, mesmo que uma pessoa possa dizer uma coisa falsa, seu corpo sempre falará a verdade. Se conseguir sintonizar gestos, movimentos, posturas, padrões de toque e até mesmo as roupas que uma pessoa veste, você terá um canal mais direto para o que ela de fato pensa e sente.

Navarro afirma que a comunicação é em sua maioria de natureza não verbal — o que significa que você está perdendo a maior parte da mensagem por *não* considerar a linguagem corporal.

Lembre-se de que a comunicação começou de forma não verbal. Antes do desenvolvimento da fala, a humanidade provavelmente se comunicava por meio de gestos, sons simples e expressões faciais. Na verdade, desde o momento em que um bebê nasce, ele instintivamente faz caretas para comunicar que está com frio, fome ou medo. Não precisamos ser ensinados a decifrar gestos básicos ou a compreender tons de voz, porque a comunicação não verbal foi a nossa primeira forma de comunicação e pode ainda ser a nossa forma preferida.

Pense em como tomamos a comunicação não verbal como certa em determinadas situações — na maneira como demonstramos amor ou raiva, por exemplo. Mesmo que você não saiba, todos nós ainda processamos grandes quantidades de informações por meio de canais não verbais. Aprenda a ler essas informações e você poderá determinar se alguém está tentando enganá-lo ou tentando esconder seus verdadeiros sentimentos e intenções.

Você já deve ter ouvido falar da reação de "lutar ou fugir", mas há uma terceira possibilidade: congelar. Além disso, essas respostas ao perigo podem ser bastante sutis, mas, mesmo assim, denunciam desconforto e medo. Nossos ancestrais podem ter se utilizado do lutar ou fugir ao se deparar com predadores ou tribos inimigas, mas esses instintos podem ter nos seguido até hoje, expressando-se quando estamos na mesa de reuniões ou na sala de aula. O cérebro límbico é responsável por tais respostas de medo. Alguém a quem se faz uma pergunta difícil ou que é colocado em uma situação difícil pode parecer muito alarmado. Pode travar as pernas em torno da cadeira e permanecer rijo nessa posição (essa é a resposta de congelamento). Outra possibilidade é afastar-se fisicamente daquilo que é percebido como ameaçador. A pessoa pode colocar um objeto no colo ou virar seu corpo em direção à saída (resposta de fuga). Por fim, outra pessoa pode "lutar". Essa resposta agressiva ao medo pode se revelar em discussões mesquinhas, ataques verbais ou gestos ameaçadores.

Quanto mais competente você for na leitura de sinais não verbais, mais claramente notará quão *físicas* são as pessoas e quanto isso mostra da nossa história evolutiva. No passado, talvez tenhamos escapado de ataques mediante gestos ou atacado outros seres humanos usando movimentos e expressões bem óbvios. Hoje, nosso mundo tornou-se muito abstrato, e o que nos ameaça costuma ser mais verbal e conceitual — mas a velha máquina de expressões, medo, agressão, curiosidade etc. continua funcionando, só que de maneira mais sutil.

Vamos pensar no que chamamos de "comportamentos pacificadores". Eles podem oferecer uma compreensão importante sobre alguém que está se sentindo estressado, inseguro ou ameaçado. Essencialmente, um comportamento pacificador é o que parece ser — a tentativa (inconsciente) de se acalmar diante da percepção de uma ameaça. Quando nos sentimos estressados, nosso cérebro límbico pode nos obrigar a fazer pequenos gestos destinados a nos acalmar: tocar a testa, esfregar o pescoço, mexer no cabelo ou torcer as mãos são comportamentos para aliviar o estresse.

O pescoço é uma área vulnerável do corpo, mas relativamente exposta. Pense em como as pessoas agressivas "atacam a jugular" e você entenderá como a garganta e o pescoço podem ser inconscientemente sentidos como áreas à mercê de ataques fatais. Faz sentido, então, que alguém que inconscientemente cubra ou acaricie essa área esteja expressando seu desconforto emocional ou insegurança. Os homens podem usar esse gesto com mais frequência do que as mulheres; podem mexer nas gravatas ou apertar a parte superior do pescoço, enquanto as mulheres podem colocar os dedos na fúrcula supraesternal (a reentrância entre as clavículas) ou brincar nervosamente com um colar.

Preste atenção a esse comportamento e você perceberá como ele revela os medos e as inseguranças de alguém em tempo real. Alguém pode dizer algo um pouco agressivo e outra pessoa responder se inclinando ligeiramente para trás, cruzando os braços e colocando uma das mãos na garganta. Observe isso em tempo real e você será capaz de inferir que aquela afirmação em particular despertou algum medo e incerteza.

Da mesma forma, esfregar ou tocar a testa ou as têmporas pode sinalizar sofrimento emocional ou sobrecarga. Um toque rápido com os dedos pode revelar uma sensação momentânea de estresse, enquanto segurar a cabeça de maneira prolongada com as duas mãos pode significar sofrimento extremo. Na verdade, você pode considerar qualquer movimento de se embalar, acariciar ou esfregar como uma pista física da necessidade de autopacificação. A pessoa pode tocar as bochechas quando se sente nervosa ou assustada, esfregar ou lamber os lábios, massagear os lóbulos das orelhas ou passar os dedos pelo cabelo ou pela barba.

Há, ainda, outros comportamentos pacificadores. Estufar as bochechas e expirar alto também é um gesto que libera um estresse considerável. Você já percebeu quantas pessoas fazem isso depois de ouvir más notícias ou de escapar por um triz de um acidente? Uma resposta inesperada de liberação de estresse é o bocejo — em vez de indicar tédio, a tentativa repentina do corpo de absorver mais oxigênio durante momentos de estresse é observada até mesmo em outros animais. A "limpeza das pernas" é outra, e envolve esfregar as pernas como se para lavá-las ou bater para tirar a poeira. Isso pode passar despercebido se ocorrer debaixo de uma mesa, mas, se você notar, é uma forte indicação de uma tentativa de se acalmar durante momentos estressantes.

"Ventilar" é outro comportamento ao qual você pode não dar muita atenção. Observe alguém puxando o colarinho da camisa para longe do pescoço ou jogando o cabelo para longe dos ombros, como se quisesse se refrescar. Essas pessoas provavelmente estão sentindo incômodo ou tensão. Embora isso possa ser literalmente por causa de um ambiente desconfortável, é mais provável que seja uma resposta à tensão interna e ao estresse que precisa ser "resfriado".

Uma das formas mais óbvias de comportamento pacificador se parece exatamente com o que uma mãe faria com uma criança pequena para acalmá-la: embalar e abraçar o próprio corpo ou esfregar os ombros, como se fosse para afastar um arrepio. Isso sugere uma pessoa que está se sentindo ameaçada, preocupada ou oprimida — esses gestos são uma forma inconsciente de proteger o corpo.

Trata-se de um princípio subjacente importante em toda a teoria da linguagem corporal: membros e gestos podem sinalizar tentativas inconscientes de proteger e defender o corpo. Quando consideramos que o tronco contém todos os órgãos vitais, podemos compreender por que o cérebro límbico produz respostas reflexas para proteger essa área quando identifica alguma ameaça — até mesmo ameaças emocionais.

Alguém que não responde a um pedido ou que se sente atacado ou criticado pode cruzar os braços como se dissesse: "Afaste-se". Erguer os braços na altura do peito durante uma discussão é um gesto clássico de bloqueio, quase como se as palavras trocadas fossem literalmente atiradas, causando um reflexo inconsciente para afastá-las. Da mesma forma, braços caídos e soltos podem indicar derrota, decepção ou desespero. É como se o corpo transmitisse fisicamente o sentimento não físico de "Eu não consigo fazer isso. Eu não sei o que fazer. Desisto".

Vamos ainda mais longe. Imagine alguém em pé sobre uma mesa, com os braços bem abertos. Isso não lhe remete na mesma hora a um animal reivindicando seu território? Gestos amplos e expansivos sinalizam confiança, assertividade e até domínio. Se uma pessoa estiver com as mãos na cintura, seu tronco está exposto. É uma forma poderosa de comunicar que ela está confiante em ocupar espaço e não se sente nem um pouco ameaçada ou insegura.

Entre outros gestos de confiança e assertividade, temos o favorito dos políticos e empresários de todo o mundo: "campanário manual". As pontas dos dedos são pressionadas umas contra as outras para formar uma pequena torre. É o clássico gesto de negociação, que sinaliza confiança, equilíbrio e certeza de poder e posição, como se as mãos estivessem apenas descansando e antecipando calmamente o próximo movimento.

Por outro lado, torcer e esfregar as mãos tem mais probabilidade de demonstrar falta de controle ou dúvida das próprias habilidades. Esse é um gesto pacificador destinado a liberar a tensão. As mãos são nossas ferramentas para efetuar mudanças no mundo e realizar nossas ações. Quando nos inquietamos, torcemos as mãos ou cerramos os punhos, demonstrando dificuldade e falta de confiança nas nossas capacidades.

E as pernas? Muitas vezes são esquecidas, pois podem estar escondidas debaixo de uma mesa, mas pernas e pés também são indicadores poderosos. "Pés felizes" podem saltar e balançar; por outro lado, pernas inquietas combinadas com outros gestos nervosos ou pacificadores podem indicar excesso de tensão, energia ou impaciência... Ou de café, quem sabe. Os dedos dos pés que apontam para cima podem ser considerados pés "sorridentes" e indicam sentimentos positivos e otimistas.

Fisiologicamente, pernas e pés têm tudo a ver, sem surpresa, com movimento. Pés ocupados podem sugerir um desejo não expresso de se mexer, literal ou figurativamente! Também já foi dito que os pés apontam na direção para a qual, no inconsciente, desejamos ir. Os dedos dos dois pés voltados para o interlocutor podem sinalizar: "Estou aqui com você; estou presente nesta conversa", enquanto pés virados em direção a uma saída podem ser uma pista de que a pessoa gostaria de ir embora.

Outras pistas de que alguém está querendo se mover, sair ou escapar incluem gestos como apertar os joelhos, pés inquietos e levantar-se com um leve salto — todos esses movimentos denunciam sutilmente alguém cuja mente inconsciente "ligou os motores" e quer seguir em frente. Isso pode significar que a pessoa está entusiasmada com as novas possibilidades e quer começar o trabalho o mais rápido possível ou que está com uma forte aversão à situação atual e quer quase literalmente "fugir". Novamente, o contexto é importante!

Pernas e pés também podem revelar emoções negativas. Cruzar as pernas, assim como acontece com os braços, pode sinalizar um desejo de se fechar ou proteger o corpo de uma ameaça ou desconforto. As pernas cruzadas costumam estar voltadas para uma pessoa de quem gostamos e em quem confiamos — e posicionadas opostamente a alguém de quem não gostamos. Isso ocorre porque as pernas podem ser usadas como uma barreira, seja para afastar ou acolher a presença de alguém. As mulheres podem suspender os sapatos na ponta dos pés em momentos de flerte, calçando-os e tirando-os repetidas vezes. Sem querer ser muito freudiano, a exibição de pés e pernas pode indicar conforto e até intimidade com alguém. Por outro lado, travar os pés e os tornozelos pode fazer parte de uma resposta de congelamento quando alguém *realmente* não gosta de uma situação ou de uma pessoa.

Então, tendo discutido o rosto, as mãos, as pernas, os pés e o tronco em geral, o que mais há? Muito mais. O corpo como um todo pode ser posicionado no espaço de diversas maneiras, mantido em determinadas posturas e aproximado ou afastado de outras pessoas. Na próxima vez que você conhecer alguém, incline-se para apertar sua mão e observe o que a pessoa faz com todo o corpo.

Se ela "se mantiver firme" e permanecer onde está, demonstrará conforto com a situação, com você e consigo mesma. Dar um passo para trás ou virar todo o tronco e os pés para o lado sugere que você pode ter chegado perto demais e causado desconforto. Ela pode até dar um passo para mais perto, sinalizando que está satisfeita com o contato, podendo até aumentá-lo ainda mais.

O princípio geral é bastante óbvio: os corpos se expandem quando nos sentimos confortáveis, felizes ou dominantes. E se contraem quando nos sentimos infelizes, com medo ou ameaçados. Os corpos se movem em direção àquilo de que gostam e se afastam daquilo de que não gostam. Inclinar-se na direção de uma pessoa pode mostrar concordância, conforto, flerte, facilidade e interesse. Da mesma forma, cruzar os braços, virar-se, inclinar-se para trás e usar as pernas cruzadas como barreira mostra a tentativa inconsciente de fugir ou de se proteger de algo indesejado.

Aquelas pessoas que se esparramam nos bancos do transporte público? Estão relaxadas, seguras e confiantes (irritante, não é?). As que parecem encolher-se o mais firmemente possível podem, por outro lado, sinalizar baixa confiança e assertividade, como se estivessem sempre tentando ocupar menos espaço. Da mesma forma, em uma discussão, estufar o peito e estender os braços em uma postura agressiva comunica: "Veja como sou grande!", enquanto erguer os ombros e fechar-se sobre si mesmo é dizer de modo não verbal: "Por favor, não me machuque! Olhe como sou pequeno!".

Não somos muito parecidos com os gorilas na floresta, batendo no peito durante discussões acaloradas — mas, se você olhar com atenção, poderá ver pistas tênues desse comportamento mais primitivo. Essas posturas que ocupam espaço e fazem o corpo expandir-se estão todas associadas ao domínio, à assertividade e à autoridade. Mãos nos quadris, mãos majestosamente atrás das costas (isso não o faz pensar na realeza ou em um soldado digno e destemido?) ou mesmo mãos entrelaçadas atrás do pescoço quando alguém se recosta em uma cadeira: tudo isso indica conforto e domínio.

Ao tomar consciência da linguagem corporal das pessoas, pergunte-se em primeiro lugar se suas ações e posturas são restritivas ou expansivas. O rosto está aberto ou fechado? As mãos e os braços estão afastados e relaxados, distantes do corpo, ou os membros são mantidos próximos e tensionados? A expressão facial é grave ou jovial e suave? O queixo está erguido (sinal de confiança) ou para dentro (sinal de incerteza)?

Imagine que você não tenha palavras para descrever o que está vendo; apenas observe. O corpo à sua frente está relaxado e confortável no espaço ou há algum desconforto, contração e tensão na forma como os membros estão posicionados?

A maior parte da arte da linguagem corporal, uma vez percebida, se torna bastante intuitiva. Isso ocorre porque cada um de nós já é fluente em sua interpretação. É apenas questão de nos permitir tirar a ênfase do verbal por um momento para perceber a riqueza de informações não verbais que flui entre as pessoas. Nada disso está oculto. Pelo contrário, é uma questão de abertura aos dados que chegam por meio de um canal ao qual não fomos ensinados a dar atenção.

JUNTANDO TUDO

Como podemos usar tudo isso para realmente nos ajudar a "ler" as pessoas de forma eficaz e compreender até mesmo motivações, intenções e sentimentos que elas desejam esconder? Vale a pena lembrar desde já que detectar uma mentira não é tão simples como alguns querem fazer parecer e, como vimos, também não é possível detectar um sinal revelador que prove uma mentira de maneira cabal. Tanto leigos quanto profissionais são notoriamente ruins na leitura da linguagem corporal, apesar da riqueza de informações que temos agora sobre o assunto.

Mas a questão é decidir o que fazer com certas observações quando as efetuamos. Os braços cruzados de uma pessoa significam que ela está mentindo, infeliz com alguma coisa, com medo... ou apenas sentindo frio? O truque consiste em usar não apenas uma ou duas, mas uma série de pistas e indicações para formar uma imagem mais abrangente do comportamento. É difícil "identificar uma mentira" com perfeita precisão porque os gestos e as expressões associados ao engano muitas vezes não são diferentes daqueles que indicam estresse ou desconforto.

Diante de tudo isso, será que vale mesmo a pena aprender a ler a linguagem corporal? Claro. Adicionar essa dimensão extra às suas interações com outras pessoas apenas enriquecerá seus relacionamentos e lhe dará uma visão adicional sobre conflitos e tensões interpessoais. Saber o que está acontecendo com outra pessoa permite que você seja um comunicador mais eficiente e se reporte ao que as pessoas estão realmente sentindo, não apenas dizendo.

Os sinais da linguagem corporal estão sempre presentes. Todas as pessoas se comunicam de forma não verbal. E é possível não apenas observar essas informações em tempo real, mas aprender a sintetizá-las e interpretá-las adequadamente. Você não precisa ser um especialista e não precisa ser perfeito. Basta prestar atenção e ser curioso sobre seus semelhantes de uma forma que talvez nunca tenha sido. À medida que você desenvolve suas habilidades de leitura da linguagem corporal, pode ser útil manter alguns princípios-chave em mente:

Estabeleça um comportamento normal

Um ou dois gestos em uma conversa não significam muita coisa. Podem ser acidentais ou puramente fisiológicos. Porém, quanto mais você souber sobre como alguém se comporta "normalmente", mais poderá intuir que qualquer comportamento fora disso deve ser observado com atenção. Se alguém *sempre* aperta os olhos, faz bico, balança os pés ou pigarreia, talvez você possa desconsiderar esses gestos.

Procure um comportamento incomum ou incongruente

Analisar pessoas é analisar padrões de comportamento. Dedique atenção especial aos gestos que sejam incomuns para aquele indivíduo. Mexer repentinamente no cabelo e evitar o contato visual pode indicar que algo está acontecendo, sobretudo se a pessoa nunca faz nenhuma dessas coisas. Com o tempo, você poderá reconhecer "pistas" nas pessoas mais próximas a você — pode ser que elas sempre torçam o nariz quando são desonestas ou pigarreiem excessivamente quando estão com medo e fingem não estar.

É importante ressaltar que se deve prestar atenção aos gestos e aos movimentos que pareçam incongruentes. As discrepâncias entre as comunicações verbal e não verbal podem dizer mais do que apenas a observação da comunicação não verbal. É uma questão de contexto. Um exemplo óbvio é o de alguém torcendo as mãos, esfregando as têmporas e suspirando alto, mas que afirma: "Estou bem. Não há nada de errado". Não são os gestos que indicam que essa pessoa está escondendo a sua angústia, mas o fato de eles serem incongruentes com as palavras ditas.

Reúna muitos dados

Como vimos, certos comportamentos restritivos podem ocorrer meramente porque a pessoa está com frio, cansada ou mesmo doente, e gestos expansivos podem não ter tanto a ver com confiança, mas sim com sentir-se fisicamente aquecido e querer se refrescar. É por isso que é importante nunca interpretar um gesto de modo isolado. Sempre considere conjuntos de pistas.

Caso veja algo, preste atenção, mas não tire conclusões precipitadas. Verifique se a pessoa repete o gesto. Procure outros gestos que possam reforçar o que você viu ou que evidenciem a interpretação. Verifique se o comportamento se repete com outras pessoas ou em outros contextos. Reserve um tempo para realmente *analisar* tudo o que está à sua frente.

Procure espelhamento

Um lembrete importante: certos gestos podem significar uma coisa em um contexto e para uma pessoa, mas uma coisa diferente em outro contexto e para outra pessoa. Melhor dizendo, certos gestos podem se aplicar somente a você quando você fala com essa pessoa, pois ela o está imitando. Se você não estiver muito familiarizado com alguém, um atalho rápido para a leitura da linguagem corporal é simplesmente perceber se essa pessoa está ou não espelhando seus gestos, sejam eles quais forem.

O espelhamento é um instinto humano fundamental; tendemos a igualar e a imitar o comportamento e as expressões daqueles de quem gostamos ou com quem concordamos, mas não o fazemos se não gostamos de uma pessoa ou a enxergamos de maneira negativa. Em uma reunião com um novo cliente, por exemplo, você pode perceber que não importa quão amigável for sua voz ou quantas vezes você sorrir e fizer gestos calorosos e de mãos abertas, ele sempre responde com frieza e gestos fechados, sem conseguir espelhar seu otimismo. Aqui, os gestos em si são irrelevantes; é o fato de não serem compartilhados que mostra que a pessoa com quem você está lidando não está receptiva, é hostil ou se sente ameaçada.

Preste atenção à energia

Esta não é uma ideia esotérica e superficial: em um grupo, basta notar onde a intenção, o esforço e o foco estão concentrados. Observe para onde a energia flui. Às vezes, o líder de um grupo só é líder no nome; o verdadeiro poder talvez esteja em outro lugar. Basta observar quanto foco e atenção fluem para um bebê em seu quartinho para ver isso em ação — o bebê diz e faz muito pouco, mas ainda assim chama a atenção de todos que estão ali. Da mesma forma, uma família pode ter o pai como "líder" oficial, e ele pode gesticular e falar em voz alta para consolidar essa percepção. Mas preste atenção e você verá que de fato é a esposa dele que é constantemente atendida, e cada membro da família pode mostrar com sua linguagem corporal que na verdade são as necessidades da mãe que têm precedência, apesar do que é afirmado verbalmente.

A voz mais poderosa de uma sala não é necessariamente a mais alta. Muito pode ser entendido sobre a dinâmica de poder em um grupo ao se observar para onde a energia flui. Quem fala mais? A quem as pessoas se dirigem, e como? Quem sempre parece estar no "centro do palco"?

Lembre-se de que a linguagem corporal é dinâmica

Quando falamos, o conteúdo da nossa linguagem não engloba apenas palavras e a gramática que usamos para juntá-las. Também temos um *modo* de falar. Falamos muito ou pouco? Em qual tom de voz? As frases são longas e complicadas ou curtas e concisas? Tudo é formulado de maneira provisória, como uma pergunta, ou é afirmado com segurança, como se fosse um fato conhecido? Com qual velocidade? Falamos alto ou baixo? Pronunciamos com clareza ou balbuciando?

Da mesma forma que a informação verbal pode variar no modo como é comunicada, o mesmo ocorre com a informação não verbal. Os gestos não são aspectos estáticos e rígidos, mas expressões vivas que se movem no tempo e no espaço. Acompanhe o fluxo de informações em tempo real. Observe como as expressões mudam e se movem em resposta ao ambiente e às pessoas que nele vivem. Não tenha curiosidade de "capturar" um gesto discreto, mas sim o fluxo dos gestos à medida que eles mudam.

Por exemplo, observe como uma pessoa anda. Caminhar é a postura corporal posta em movimento. Andar de modo arrastado e lento sugere falta de confiança, enquanto passos rápidos e elásticos sugerem otimismo e entusiasmo. Interesse-se em saber como uma pessoa responde às outras em uma conversa ou seu estilo de falar com aqueles que ocupam posições de poder. Depois de começar a procurar, você ficará surpreso com a riqueza de informações que estão apenas esperando para ser notadas.

Contexto é tudo

Finalmente, vale a pena repetir: nenhum gesto ocorre no vácuo. Assim como a comunicação verbal, a comunicação não verbal precisa ser analisada em relação a todo o restante. Estabeleça padrões e aprenda sobre o comportamento de uma pessoa ao longo do tempo, em diferentes contextos e em relação a diferentes pessoas. Considere a situação e o ambiente — suar e gaguejar durante os votos de casamento ou em uma grande entrevista é compreensível; fazer isso quando solicitado a explicar o que você está bisbilhotando nas gavetas de alguém é um pouco mais suspeito.

Lembre-se de que cada um tem sua personalidade única e idiossincrática. Considere em sua análise o fato de que as pessoas são introvertidas ou extrovertidas, podem favorecer as emoções ou o intelecto, podem ter alta ou baixa tolerância ao risco e à adversidade, podem lidar bem com situações estressantes ou se desesperar, podem ser espontâneas e casuais ou assertivas e sérias. Nossos impulsos instintivos e evolutivamente programados não podem ser escondidos ou resistidos, mas podem assumir formas um pouco diferentes dependendo de nossas personalidades únicas.

Certamente, ler expressões faciais e linguagem corporal é uma habilidade que requer tempo e paciência para ser dominada. Não existem truques rápidos e fáceis para compreender as motivações mais profundas das pessoas. No entanto, lembre-se dos princípios acima e concentre-se em aprimorar seus poderes de observação, e você logo desenvolverá um talento especial para ver e compreender até mesmo pequenas oscilações de comportamento que antes não notaria. Vivemos em um mundo dominado por palavras e linguagem. Mas, quando você se torna um estudante da comunicação não verbal, não é exagero dizer que se abre para um mundo totalmente diferente, às vezes bastante estranho.

O CORPO HUMANO É UM TODO: LEIA-O ASSIM

Todo mundo já ouviu uma estatística um tanto chutada, que soa mais ou menos como: "90% da sua comunicação é não verbal". Imaginamos que a comunicação é uma questão de linguagem, símbolos, sons e imagens em uma página, enquanto a pessoa que cria a linguagem é uma entidade física separada que ocupa o espaço.

Mas, na realidade, a fronteira entre verbal e não verbal, entre meio e mensagem, é sempre um pouco confusa.

Nas seções anteriores, refletimos sobre como uma pessoa pode ser "lida" para além do conteúdo que ela escolhe transmitir de modo consciente. Em outras palavras, você não está apenas ouvindo a mensagem que ela envia, mas ouvindo-a como um *todo*, como se o corpo dela fosse algo a ser lido e interpretado.

Na discussão sobre a detecção de mentiras ou sentimentos verdadeiros ocultos, partimos de uma suposição: o que está dentro de uma pessoa invariavelmente se manifestará de algum modo em seu exterior. Isso ocorre porque entendemos, de forma instintiva, que os seres humanos são um *todo*, ou seja, o verbal e o não verbal são, na verdade, apenas aspectos diferentes da mesma coisa. Qual é a distinção entre as palavras e os lábios que as verbalizam? O corpo e o gesto que esse corpo faz?

Isso pode parecer um pouco abstrato, mas existem pesquisas interessantes que sustentam a ideia de que a comunicação como um todo pode ser entendida como uma expressão completa de um ser humano. Em primeiro lugar, você já recebeu o telefonema de uma pessoa e soube de cara se ela estava sorrindo ou não? Os gerentes de centrais de atendimento telefônico dizem aos seus funcionários que as pessoas conseguem "ouvir sorrisos" ao telefone, mas como você acha que isso é possível?

Faz sentido quando consideramos que a voz não é um símbolo abstrato, mas uma parte real e fisiológica do corpo humano. O pesquisador Wim Pouw, do Instituto Donders da Universidade Radboud, publicou algumas descobertas curiosas na revista *Proceedings of the National Academy of Sciences* (*PNAS*) em 2020. Ele estava interessado naquilo que todos nós parecemos compreender instintivamente: gestos com as mãos e expressões faciais podem nos ajudar a entender melhor o que está sendo comunicado. Na verdade, às vezes, um gesto pode ser fundamental para compreendermos a mensagem.

Em uma experiência, Pouw pediu a seis pessoas que emitissem um som simples (como "aaaaa"), mas que ao mesmo tempo o combinassem com diferentes gestos de braços e mãos. Ele então pediu a outros trinta participantes que ouvissem apenas as gravações dos sons. Surpreendentemente, os participantes conseguiram adivinhar quais eram os movimentos que os acompanhavam e até mesmo imitá-los. Eles foram capazes de dizer qual era o movimento, onde foi realizado e até com que rapidez o gesto foi feito!

Como? Pouw teorizou que as pessoas são capazes de detectar inconscientemente mudanças sutis, mas importantes, no tom e no volume da voz, bem como mudanças de velocidade, que acompanham a voz em diferentes gestos. Quando você faz um gesto, *todo* o seu corpo é envolvido, inclusive a sua voz. Em outras palavras, quando você ouve uma voz, está ouvindo múltiplos aspectos do corpo daquela pessoa.

Quando falamos, o som vibra por todos os tecidos conjuntivos do corpo, mas podem surgir diferenças na tensão muscular se fizermos gestos com outras partes do corpo — e nós podemos ouvir esses pequenos ajustes na voz. A grande vantagem dessa habilidade específica é que você não precisa necessariamente treiná-la, apenas tomar consciência dela. Você provavelmente nunca pensou que poderia praticar a leitura da linguagem corporal pelo telefone, mas pode — se entender que a voz é simplesmente uma parte do corpo de uma pessoa!

A voz por si só é um aspecto incrivelmente rico do comportamento. Ao ouvir alguém de outra sala, em uma gravação ou ao telefone, feche os olhos e imagine o que o corpo dela está fazendo e o que essa postura ou gesto pode indicar. Em geral, é possível identificar idade e sexo por meio da voz, mas também aspectos sobre a etnia ou nacionalidade de uma pessoa, ouvindo seu sotaque ou vocabulário.

Perceba velocidade, timbre, volume, tom e grau de controle utilizados. Como a pessoa está respirando? Como as palavras e o modo como ela verbaliza essas palavras reforçam-se e prejudicam-se? Por exemplo, alguém ao telefone pode estar lhe dizendo o quão animado está com alguma coisa, mas sua voz lenta e arrastada pode sugerir um indivíduo curvado sobre si mesmo — e exagerando seu entusiasmo.

PENSANDO EM CONJUNTOS DE MENSAGEM

Vamos desviar a nossa atenção das ações físicas individuais que podem ou não significar ou sugerir alguma coisa e, em vez disso, considerar o comportamento humano em termos da mensagem global que comunica aos outros. Quando nos sentimos hostis e agressivos, por exemplo, essa atitude e intenção aparecerão em todas as áreas, da nossa linguagem às nossas ações, passando por nossas expressões faciais e nossa voz. Em vez de tentar imaginar como é cada manifestação possível de agressividade, podemos nos concentrar na agressividade em si e observar os conjuntos de comportamento advindos dela.

A **agressividade** é demonstrada por meio de gestos de confronto ou daqueles que se movem ativa e energeticamente em direção a um *alvo*. Gestos invasivos e de aproximação a outra pessoa podem significar uma tentativa de dominar, controlar ou atacar. Verbalmente, pode haver insulto ou zombaria; fisicamente, há uma aproximação, ou mesmo uma exibição, como se ocorresse um desejo de demonstrar força superior. A agressividade envolve gestos repentinos, impactantes e direcionados. É como se todo o corpo estivesse fechado em torno de uma única intenção.

A linguagem corporal **assertiva**, por outro lado, é tão forte quanto, mas não tão direcionada. A pessoa se mantém firme, ou seja, equilibrada, suave e aberta na expressão de um desejo sustentado com confiança. A pessoa agressiva pode gritar, enquanto a assertiva pode simplesmente expor o que quer com uma espécie de certeza muscular passível de ser ouvida em sua voz.

A linguagem corporal **submissa** é o complemento — procure movimentos de "abaixamento" e de autoproteção que façam a pessoa parecer menor, como gestos pequenos e apaziguadores e sorrisos excessivos. A pessoa pode permanecer imóvel, falar baixo, olhar para baixo ou assumir uma postura vulnerável e não ameaçadora.

É diferente de uma postura genuinamente **aberta e receptiva.** Pessoas relaxadas e amigáveis sinalizarão abertura — braços e pernas abertos e descruzados, expressões faciais desprotegidas, fala fácil ou até mesmo afrouxamento ou remoção de camadas externas de roupas para demonstrar informalidade.

Ela é um pouco parecida com a linguagem corporal **romântica**, exceto pelo fato de que alguém que esteja sexualmente interessado também se comportará de maneira que enfatize a intimidade. O foco recairá sobre a sensualidade (tocar a outra pessoa ou a si mesmo, alisar, acariciar, desacelerar, dirigir-lhe sorrisos calorosos) e a conexão (contato visual prolongado, perguntas, concordância, espelhamento). A percepção é de um convite à proximidade.

Já uma linguagem corporal **enganosa** é caracterizada por uma sensação de tensão. A enganação e a mentira sugerem que há duas coisas conflitantes — por exemplo, alguém acredita em uma coisa, mas diz outra. Procure a tensão que tal disparidade cria. Mapeie ansiedade, linguagem corporal fechada e uma sensação de distração (afinal, o indivíduo está processando dados que não deseja serem revelados!). Veja se a pessoa está se esforçando para se controlar, o que gera um efeito ansioso.

Ao observar as intenções por trás da comunicação geral, começamos a ler o corpo como um todo. Isso torna mais fácil a tarefa de reunir dados rapidamente e de detectar padrões de comportamento em vez de se tentar chegar a um monte de conclusões a partir de um único gesto ou expressão. Considere todo o corpo humano: os membros, o rosto, a voz, a postura, o torso, o cabelo, as mãos e os dedos, tudo.

Você consegue ver um conjunto de gestos fechados e defensivos? A pessoa tenta demonstrar poder, força e dominação? Ou se mostra apenas confiante? A pessoa que está na sua frente tenta demonstrar que é confiável ou que tem algo valioso para lhe vender (a linguagem corporal do vendedor)? Ela o recebeu com abertura e respeito?

Em termos muito gerais, procure os seguintes padrões de *corpo inteiro*:

- Cruzar, fechar ou desligar: pode sinalizar cautela, suspeita, timidez.
- Expandir, abrir, afrouxar: sinaliza simpatia, conforto, confiança, relaxamento.
- Avançar, apontar, direcionar: pode indicar desejo de domínio, controle, persuasão.
- Apurar, tocar, acariciar: mostra intenções românticas.
- Apresentar rispidez, brusquidão força, volume: sinal de energia ou violência, às vezes medo.
- Repetir, concordar, espelhar: mostra respeito, simpatia, admiração, submissão.

Em um sentido ainda mais amplo, procure analisar o comportamento geral e a comunicação como variações de retenção e soltura — segurar, conter, agarrar, pegar, soltar, escapar, fugir etc. Se encontrar alguém que pareça se resumir a uma expressão de força e controle, você pode partir disso para entender melhor todos os outros dados, como o torcer das mãos, os lábios tensos e apertados, a testa franzida, a respiração superficial que parece estrangular a voz, o tom agudo, o piscar de olhos contínuo... O corpo da pessoa está lhe enviando uma mensagem clara e uniforme: uma mensagem de tensão. Há algo de relevante acontecendo que ela está tentando manter em segredo. Outras pistas contextuais podem indicar se essa é uma admissão desconfortável, uma mentira ou simplesmente algo que o indivíduo tem vergonha de compartilhar com você.

APRENDIZADOS

- Finalmente, fomos direto ao assunto. Como podemos ler e analisar as pessoas apenas por meio da visão e da observação? Cobrimos dois aspectos principais: expressões faciais e linguagem corporal. É importante notar que, embora muitos aspectos tenham sido comprovados cientificamente (a partir de suas origens fisiológicas), não podemos dizer que simples observações sejam infalíveis. Nunca poderão ser definitivas, porque há diversos fatores externos a se levar em conta. Mas podemos entender melhor quais gestos típicos devemos procurar e o que podemos extrair deles.

- Usamos dois tipos de expressão facial: micro e macroexpressões. As macroexpressões são mais amplas, mais lentas e mais óbvias. Elas também podem ser mentirosas, pois passíveis de serem criadas conscientemente. As microexpressões são o oposto: incrivelmente rápidas, quase imperceptíveis e inconscientes. O psicólogo Paul Ekman identificou uma série de microexpressões para cada uma das seis emoções básicas e, em particular, também identificou microexpressões para indicar o nervosismo, a mentira e a decepção.

- A linguagem corporal oferece uma gama muito ampla de interpretações possíveis. Em geral, um corpo relaxado ocupa espaço, enquanto um corpo ansioso se contrai e quer se esconder e se confortar. Há muitos detalhes em um único marcador, mas lembre-se de que a única maneira verdadeira de analisar a linguagem corporal é sabendo antes de mais nada o modo exato como alguém é quando se comporta normalmente.

◈ Para juntar tudo, precisamos ler o corpo como um todo e procurar conjuntos gerais de comportamento que trabalhem simultaneamente para comunicar uma mensagem unificada. A voz pode ser pensada como parte do corpo e lida como qualquer outra linguagem corporal. Procure sinais ou pistas que pareçam incongruentes e que não combinem bem com as outras pistas localizadas. Isso pode revelar que a outra pessoa está tentando esconder algo, desde que você note outros sinais que reafirmem essa conclusão. No entanto, como sempre, os sinais que você percebeu podem não ter sentido, portanto, certifique-se de ter dados suficientes para sustentá-los.

CAPÍTULO 3

CIÊNCIA E TIPOLOGIA DA PERSONALIDADE

ASSIM COMO PODEMOS ENTENDER QUALQUER TIPO de comunicação, comportamento ou discurso de uma pessoa como uma expressão direta de seu eu *total*, também podemos incluir a personalidade nessa mistura. A personalidade pode ser pensada como um padrão persistente de comportamento a longo prazo. Você pode interpretar determinado gesto ou tom de voz como significando XYZ, mas esse mesmo gesto ou voz, quando repetido de forma regular, começa a se consolidar para moldar uma persona.

Daí decorre que, se soubermos um pouco sobre o padrão persistente e duradouro de um comportamento *geral*, teremos mais contexto para nos ajudar a compreender um comportamento *específico* que vemos diante de nós a qualquer momento. Em termos psicológicos, a personalidade costuma ser entendida como uma mistura especial de traços únicos de uma pessoa, ou seja, como ela se enquadra em múltiplos contínuos atitudinais.

A maioria das teorias da personalidade está interessada nos eixos fundamentais nos quais as pessoas diferem entre si — se você conseguir entender esses detalhes básicos da personalidade humana, poderá obter uma visão mais ampla do comportamento, talvez até aprendendo a antecipar-se, prevendo suas ações.

TESTE SUA PERSONALIDADE

Qualquer discussão sobre a análise da personalidade e da identidade seria incompleta se não nos aprofundássemos no teste *Big Five*, dos Cinco Grandes traços de personalidade, bem como no Indicador de Tipo Myers-Briggs (MBTI, na sigla em inglês) e nos Temperamentos de Keirsey. Trata-se de formas diretas de compreender quem é alguém, pois são testes precisos.

Dificilmente você terá tanto conhecimento sobre alguém que deseja ler ou analisar, mas não deixa de valer a pena compreender algumas escalas diferentes para avaliar outras pessoas. Você poderá identificar algumas dessas características e, como resultado, compreender suas motivações e valores.

É provável que, em algum momento de sua vida, você tenha feito um teste de personalidade, aptidão profissional ou relacionamento para aprender mais sobre si. No contexto da análise de pessoas, isso não vai nos levar aonde queremos. Usar esses testes de personalidade quase anula o propósito de analisar alguém com base em observações e comportamentos, mas eles fornecem muito o que pensar sobre quais características exatamente procurar e o que diferencia uma pessoa da outra.

É possível que você já tenha feito o teste *Big Five* ou um teste correlato. Ele é baseado em uma teoria que divide a psique humana em cinco características amplas. Esses cinco fatores simples poderiam determinar a questão muito complexa que você está perseguindo: o que o torna *você* — e o que torna os outros, *os outros*?

O *BIG FIVE*

Trata-se de uma teoria que remonta a 1949, originalmente publicada por Donald W. Fiske. Desde então, ganhou popularidade e foi desenvolvida por nomes como Norman (1967), Smith (1967), Goldberg (1981) e McCrae e Costa (1987). Em vez de avaliá-lo como um todo, com base em suas experiências e motivações, essa teoria o reduz a cinco características: abertura à experiência, conscienciosidade, extroversão, amabilidade e neuroticismo.

Você já deve ter ouvido falar disso antes. Termos como introvertido e extrovertido são muito usados hoje em dia, mas o que eles realmente significam? São os dois extremos do espectro. Cada característica tem dois extremos e, embora não queiramos admitir, cada um de nós possui todas essas cinco características até certo ponto. De acordo com essa teoria, é quanto de cada uma delas temos na variação entre os extremos que determina a nossa personalidade única.

Abertura à experiência. O primeiro dos Cinco Grandes traços de personalidade determina o quanto você está disposto a correr riscos ou tentar algo novo. Você saltaria de um avião? Que tal fazer as malas e viajar meio mundo para mergulhar em uma nova cultura? Se a sua resposta a ambas as perguntas foi um sonoro sim, então você provavelmente obteve uma pontuação alta em abertura à experiência. Você procura o desconhecido.

Em um extremo, as pessoas com grande abertura são curiosas e imaginativas. Saem em busca de novas aventuras e experiências. Podem ficar entediadas facilmente e recorrer à criatividade para descobrir novos interesses e até atividades ousadas. Essas pessoas são flexíveis e buscam variedade no dia a dia. Para elas, a rotina não é uma opção. No outro extremo do espectro, as pessoas com nível baixo de abertura preferem a continuidade e a estabilidade à mudança. São práticas, sensatas e muito mais convencionais. Não apreciam reviravoltas. No mundo real, a maioria das pessoas se situa em algum lugar entre esses opostos, mas onde você se encontra no espectro pode revelar muito sobre quem você é e no que você se destaca.

Você sonha em ser CEO ou estar na vanguarda de sua área, por exemplo? A abertura tem sido associada à liderança. Se você for capaz de ter novas ideias, pensar fora da caixa e se adaptar rapidamente a novas situações, terá mais chances de ser bem-sucedido como líder (Lebowitz, 2016).

Foi a decisão do cofundador da Apple, Steve Jobs, de auditar uma aula de caligrafia em 1973 que levaria à tipografia inovadora nos computadores Mac anos depois. Àquela época, ninguém associava computadores a fontes bonitas, mas Jobs viu algo que ninguém mais viu. Ele entrou nas aulas de caligrafia, procurou mudar a forma como as pessoas pensavam sobre computadores e se abriu para uma nova visão de futuro.

Conscienciosidade. Esse é o traço de personalidade que o torna cuidadoso e cauteloso. Você é vigilante em suas ações e muitas vezes pensa duas ou três vezes antes de tomar uma decisão, sobretudo se ela não estava em seus planos originais.

Pessoas que têm altos níveis de conscienciosidade tendem a ser extremamente focadas em seus objetivos. Planejam as coisas, concentrando-se nas tarefas detalhadas que têm em mãos e cumprem seus cronogramas. Controlam melhor seus impulsos, emoções e comportamentos, de modo que são capazes de concentrar mais energia no sucesso profissional. Embora possam não viver de forma tão aventureira quanto seus pares, tendem a viver mais tempo, em parte graças aos seus hábitos mais saudáveis.

No outro extremo do espectro, pessoas que não são tão conscienciosas tendem a ser mais impulsivas e desorganizadas. Ficam desmotivadas quando há um excesso de estrutura, podem adiar trabalhos importantes e têm menos capacidade de controlar seu comportamento. Isso pode levar a hábitos mais autodestrutivos, como tabagismo e abuso de substâncias ilícitas, e a uma incapacidade geral de fazer as coisas. O controle dos impulsos não é tarefa fácil para essas pessoas.

Então, quão consciencioso você é? Você gosta de ter horários no trabalho, mas ainda evita fazer exercícios quando chega em casa? Você pode possuir alguns aspectos da conscienciosidade, como horários e listas de tarefas, e não outros, como praticar exercícios ou outros hábitos saudáveis. A maioria das pessoas chega a algum lugar no meio do espectro da conscienciosidade, mas, se você encontrar maneiras de abraçar o planejamento e se organizar um pouco mais, é possível que esteja se preparando para o sucesso.

Esse traço tem sido associado a mais sucesso após o treinamento profissional (Woods, Patterson, Koczwara & Sofat, 2016), a um desempenho profissional mais eficaz (Barrick & Mount, 1991), a uma maior satisfação profissional e a carreiras mais prestigiosas e de rendimentos mais elevados (Judge, Higgins, Thoresen & Barrick, 1999). Um estudo realizado por Soldz e Vaillant (1999) também descobriu que altos níveis de conscienciosidade ajudaram as pessoas a se ajustar melhor aos desafios da vida que inevitavelmente surgirão ao longo do caminho.

A conscienciosidade é o remédio preventivo que todos poderíamos usar para resolver os problemas antes que eles aconteçam.

Extroversão. Essa é a característica que define o quão extrovertido ou sociável você é. Extrovertidos são fáceis de detectar. São a alegria da festa, têm muita energia e sabem conversar. Extraem sua energia da proximidade com outras pessoas e prosperam quando são o centro das atenções. Por isso, mantêm um amplo círculo de amizades e aproveitam todas as oportunidades para conhecer novas pessoas.

No outro extremo estão as pessoas que muitas vezes acham cansativo conviver com extrovertidos: os introvertidos. Por que gastar tempo tentando conversar com grandes grupos de pessoas se você pode estar em casa com seus próprios pensamentos? Os introvertidos não são tímidos; eles simplesmente preferem a solidão à socialização ou a calma ao caos.

Você gostaria que as festas no escritório nunca acabassem ou se sente esgotado depois de cerca de uma hora? Gosta de conhecer novas pessoas ou prefere ficar em casa com um bom livro? Você é uma pessoa matutina ou acorda quando o sol se põe?

Se você costuma ser o último a sair de uma reunião social, gosta de estar perto de pessoas e tem energia tarde da noite, provavelmente está no topo da escala de extroversão. Se, por outro lado, teme a ideia de ir a festas e prefere ficar em casa sozinho e acordar bem cedo para começar o dia, é provável que você seja mais introvertido.

Dependendo do dia, você pode optar por qualquer caminho. No entanto, em geral, as pessoas se posicionam em algum lugar entre os dois ao longo do espectro.

Amabilidade. Essa é a característica que identifica o quão gentil e solidário você é e o quão caloroso e cooperativo é com os outros.

Você tende a se interessar muito pelas outras pessoas e por seus problemas? Quando você vê outras pessoas passando por dificuldades, sente-se afetado por isso? Se você é compassivo e atencioso com os outros e movido pelo desejo de ajudar, pode ser uma pessoa bastante amável. Você sente a dor das pessoas e é levado a fazer algo a respeito.

No outro extremo do espectro, as pessoas menos amáveis podem descobrir que têm menos interesse pela vida dos outros. Em vez de tentarem trabalhar junto a outras pessoas para resolver um problema, podem ficar mais satisfeitas agindo sozinhas. Estão determinadas a fazer exatamente o que querem. Devido à sua natureza, muitas vezes podem ser consideradas ofensivas ou desagradáveis.

Todos nós temos limites diferentes para o quanto estamos dispostos a fazer pelos outros e para até que ponto estamos dispostos a trabalhar em conjunto. Esse limite é onde você se classifica no espectro de amabilidade.

Por que existem pessoas muito amáveis é algo que ainda está em debate. Para alguns, existe uma preocupação genuína com o bem-estar alheio. Para outros, é o resultado da pressão social e das normas mais aceitas. O medo das consequências pode ser um fator motivador. Algumas pessoas podem agir dessa forma porque ficam petrificadas com o confronto social.

Seja qual for o caso, uma pesquisa mostrou que pessoas amáveis raramente são cruéis, implacáveis ou egoístas (Roccas, Sagiv, Schwartz & Knafo, 2002).

Se você está procurando maneiras de ser um pouco mais feliz, descobrir onde você se encontra nesse espectro pode ser uma boa maneira de começar.

Neuroticismo. Todos nós temos aqueles dias em que nada é o que parece. Você acha que seus colegas de trabalho estão conspirando contra você. Fica tão ansioso que não consegue dormir. Sente-se como se estivesse em um filme de Woody Allen. No entanto, se você tiver muitos desses dias, a ponto de se sentir mais para baixo do que para cima, é possível que tenha níveis elevados do último dos Cinco Grandes traços: o neuroticismo. Trata-se do traço de personalidade que mede essencialmente o quão estável você é emocionalmente. Ele identifica sua capacidade de permanecer estável e equilibrado em vez de ansioso, inseguro ou constantemente distraído.

Os neuróticos tendem a encarar a vida com uma alta dose de ansiedade. Eles se preocupam mais do que a maioria das pessoas, e seu humor pode mudar rapidamente e com pouco estímulo. Esse tipo de comportamento pode torná-los propensos a ficar estressados ou até mesmo deprimidos.

Aqueles que estão no lado menos neurótico do espectro tendem a ser mais estáveis emocionalmente. Quando o estresse surge, têm mais facilidade de lidar com ele. Seus surtos de tristeza são poucos e raros, e eles veem menos motivos para se estressar com o que quer que possa surgir em seu caminho.

Você costuma usar o humor para enfrentar um desafio ou os problemas tendem a estressá-lo? Você permanece estável o dia todo ou muda do calor para o frio em um piscar de olhos? Se você leva as coisas com calma e em geral só apresenta um tipo de humor por dia, provavelmente é menos neurótico do que os outros. Por outro lado, se você passa por muitos estados de humor em um curto espaço de tempo e fica ansioso com frequência, provavelmente está do lado mais neurótico.

No entanto, ser neurótico não é necessariamente algo ruim. Afinal, a preocupação com a saúde é o que nos faz tomar vitaminas e ir ao consultório médico para fazer exames. Nesse caso, a ansiedade dos neuróticos pode, na verdade, mantê-los um passo à frente dos outros de muitas maneiras.

No fim das contas, temos cinco escalas que comprovadamente são, no mínimo, elementos importantes da personalidade para você avaliar as pessoas. Digamos que você comece a trabalhar com um novo parceiro de negócios e seja avisado com antecedência por outras pessoas de que ele pode ser muito rude e difícil de trabalhar. Na conversa, você percebe que, de fato, ele é frio e grosseiro. Não parece observar sutilezas sociais. Depois de um mês trabalhando juntos, você entende que se trata de uma questão de personalidade — é um padrão de comportamento que se revela a todas as pessoas, em todos os contextos.

Você se lembra disso na sua próxima reunião e sugere uma ideia um tanto controversa. Seu parceiro de negócios parece imediatamente um pouco hostil e nada convencido. Cruza os braços e franze a testa. Outra pessoa poderia imaginar que essa linguagem corporal é uma rejeição direta à sua ideia, mas você, tomando a *personalidade dessa pessoa como base*, consegue ler o comportamento pelo que de fato ele é: o de sempre. Você continua a expor sua sugestão e não fica surpreso quando ele acaba concordando com entusiasmo, apesar de inicialmente ter parecido bastante severo e pouco comunicativo.

Assim, a personalidade é mais um dado (poderoso) para ajudá-lo a interpretar e dar sentido às informações com as quais você se depara no momento. Outras ferramentas de personalidade são o Indicador de Tipo Myers-Briggs e os Temperamentos de Keirsey.

JUNG E O MBTI

O MBTI se tornou um dos métodos mais populares para as pessoas avaliarem e categorizarem a si mesmas — é claro, isso significa que devemos entendê-lo como algo que analisa *outras pessoas* também. No geral, o teste se baseia em quatro *dicotomias* muito distintas, que você pode imaginar como sendo simplesmente características, semelhantes aos Cinco Grandes traços de personalidade. As pessoas comparam o MBTI com um horóscopo moderno. É claro que nenhum teste é infalível, mas isso não significa que não possa fornecer informações importantes sobre o caráter ou a identidade de uma pessoa.

O MBTI foi desenvolvido durante a Segunda Guerra Mundial. Myers e Briggs eram duas donas de casa que notaram que muitas pessoas aceitavam empregos sem pensar muito a respeito. Incomodava-as o fato de muitas dessas pessoas aceitarem trabalhos que não necessariamente tinham a ver com as suas competências. Elas combinaram suas observações com o trabalho do psicólogo Carl Jung, que acreditava que os arquétipos vinham de modelos de pessoas, de comportamentos e de suas personalidades. Jung sugeriu que esses arquétipos surgem de maneira inata devido à influência do comportamento humano.

Assim, o MBTI foi desenvolvido com o intuito de ajudar as pessoas a encontrar empregos e carreiras mais adequados às suas personalidades inatas. Conforme mencionado, existem quatro dicotomias ou categorias gerais:

- Para a personalidade, o espectro vai do extrovertido (E) ao introvertido (I).
- Para a percepção, o espectro vai da sensação (S) à intuição (N).
- Para o julgamento, o espectro vai do pensamento (thinking, T) ao sentimento (feeling, F).
- Para a implementação, o espectro vai do julgamento (J) à percepção (P).

A ideia é de que todos possam se avaliar nesses quatro espectros, e certos padrões serão traçados para que você possa descobrir seu tipo de personalidade.

A primeira dicotomia, extroversão versus introversão, envolve a fonte e também a direção da expressão energética de uma pessoa. Observe que isso é definido de forma um pouco diferente do traço de extroversão do *Big Five*. Um extrovertido e sua expressão energética revelam-se no mundo externo. Quando estão na presença e na companhia de outras pessoas, os extrovertidos são capazes de recarregar as energias. Para um introvertido, sua fonte de energia é, sobretudo, seu mundo interno. Ter espaço só para si é o ideal e pode se provar o melhor modo de recarregar as energias.

Pessoas extrovertidas são orientadas para a ação em comparação com pessoas introvertidas, que são mais orientadas para o pensamento. Por exemplo, em uma sala de aula, os alunos extrovertidos gostam de participar de discussões e apresentações em grupo. Suas interações com outros alunos proporcionam aquela sensação de responsabilidade para o seu tipo de personalidade. Um aluno introvertido prefere trabalhar sozinho em seus projetos e se sente um tanto desconfortável durante as discussões que envolvem toda a turma. Eles gostam de pensar por conta própria e de realizar avaliações por si mesmos.

A segunda dicotomia, sensação versus intuição, representa como alguém percebe a informação. Quando uma pessoa é voltada a sensações, ela acredita nas informações recebidas diretamente do mundo externo, o que ocorre a partir do uso de seus cinco sentidos (visão, olfato, tato, paladar e audição). Decisões são tomadas de maneiras mais imediatas e são baseadas na experiência. Já alguém que use a intuição acredita nas informações de um mundo interno — sua intuição — em detrimento das evidências externas. Ela vem na forma de um "pressentimento". A pessoa se aprofunda um pouco mais nos detalhes e tenta conectar padrões. Pode demorar um pouco mais até tomar uma decisão.

Sentir tem a ver com acreditar em informações que são mais concretas e tangíveis do que as da intuição, que tem mais a ver com observar as teorias ou os princípios subjacentes que podem surgir a partir dos dados. Um agente da polícia utilizará sempre provas e dados para sustentar as suas alegações quando prende alguém, porque a informação precisa ser mensurável. Por outro lado, um advogado apresentaria mais intuição, porque pode haver muito mais no contexto do que o que foi apresentado, o que o ajuda a defender seus clientes.

A terceira dicotomia, pensamento versus sentimento, tem a ver com a forma como determinado indivíduo processa a informação. Quando se trata de uma pessoa que toma decisões principalmente a partir do processo de pensamento lógico e considera meios tangíveis para fazê-lo, recorrendo a regras para orientar a sua tomada de decisão, ela é mais voltada ao pensamento. O oposto disso é o uso do sentimento: a pessoa prefere escolher seus caminhos com base na emoção. Para tomar decisões, ela busca o que valoriza como meio para escolher sua melhor opção; podendo até considerar os pensadores frios e sem coração.

A propensão ao pensamento ocorre, sobretudo, quando alguém expõe todas as razões possíveis e práticas para tomar uma decisão acertada. Basicamente, é a pessoa que toma uma decisão usando o cérebro. Já a propensão ao sentimento é percebida quando alguém toma uma decisão de coração. São as pessoas que compram casas e assinam a papelada com base no preço e no valor de revenda (pensamento) versus aquelas que compram a casa para permanecer em sua antiga vizinhança (sentimento).

A quarta dicotomia, julgamento versus percepção, trata do modo como as pessoas utilizam as informações que processaram. Os julgadores organizam os acontecimentos da vida e os usam para seguir um plano. São pessoas que gostam de ordem e estrutura. Seu senso de autocontrole decorre da capacidade de controlar seus ambientes tanto quanto possível. Os tipos julgadores em geral usam experiências anteriores para determinar se devem manter ou evitar certos comportamentos mais tarde. Também gostam de ver as coisas resolvidas e acabadas. Já a improvisação e a exploração de alternativas são preferências dos perceptivos. São pessoas que gostam de ter alternativas e veem a organização como uma limitação ao seu potencial. Gostam de fazer escolhas quando necessário e de explorar a solução de problemas e a elaboração de estratégias. Os tipos perceptivos vivem no presente e compreendem que existem inúmeras opções disponíveis para eles, independentemente de como outras experiências ocorreram no passado.

Há um total de dezesseis combinações diferentes, ou tipos de personalidade, que podem resultar das conjunções de preferências nas quatro dicotomias mencionadas. Elas ajudam a representar um dos dois polos ao qual cada pessoa pode tender em termos de uma dicotomia dominante. Portanto, os dezesseis tipos diferentes de personalidade recebem um acrônimo de quatro letras. Por exemplo, um tipo ESFJ significa extrovertido, sensorial, sentimental e julgador. São as pessoas que você vê nas comédias da televisão que fofocam sobre todo mundo e cujo principal objetivo na vida é se casar e ter filhos, apenas para poder fofocar com outras mães da vizinhança. Claro, essa é uma categorização estereotipada de doer, mas, mesmo assim, observar e categorizar alguém com base nessas quatro letras pode desbloquear uma compreensão mais profunda.

Uma grande lacuna é que o MBTI apenas dá respostas definitivas e não leva em conta o fato de as pessoas geralmente não serem unilaterais nas suas características. As pessoas não estão inteiramente em uma extremidade do espectro em detrimento de outra. O MBTI oferece às pessoas apenas dois extremos e nada intermediário. Mas a maioria das pessoas pode ser moderada em suas características. Por exemplo, você pode ser 45% extrovertido e 55% introvertido, mas o MBTI o chamaria de introvertido, sem moderação.

Outra lacuna não está no MBTI em si, mas no fato de que todos nós mudamos ao longo da vida. O professor David Pittenger, da Universidade Marshall, descobriu que, quando um novo teste do MBTI é realizado durante um curto período de tempo, até 55% das pessoas serão classificadas em um tipo diferente. Com o tempo e conforme esperado, elas mudam. Os resultados de seus MBTIs podem mudar em um período de dias ou semanas, dependendo de seu humor ou das influências de seus ambientes externos e internos. Esses fatores, assim, não revelarão nada sobre tipos reais de personalidade.

Como podemos usar essa teoria na prática, nos nossos encontros diários com as pessoas? Infelizmente, não é nada fácil simplesmente adivinhar qual seria o tipo MBTI de alguém (embora muitas pessoas façam o teste com gosto!). Como não podemos oferecer a todos que encontramos uma versão completa do teste, precisamos tentar usar os traços gerais da teoria para obter uma compreensão genérica e mais *ad hoc* das pessoas em seus contextos naturais.

Experimente por si mesmo: da próxima vez que conhecer alguém, tente determinar se o indivíduo é mais introvertido ou extrovertido (ou se situa em algum lugar intermediário?). Observe a linguagem corporal, o comportamento e todas as pistas de contexto disponíveis. Em seguida, pergunte-se se é mais intuitivo ou mais sensível. A pessoa tátil, prática e direta pode ser mais sensível do que o pensador do "quadro geral", que é mais propenso a dizer "Bem, isso é complicado" para cada pergunta, não importa quão simples esta seja. Para determinar se o indivíduo está mais inclinado a pensar ou a sentir, ouça sua linguagem, o conteúdo de seu discurso e para onde dirige seu foco. Ele o está envolvendo em fatos, ideias, planos abstratos? Ou está falando sobre pessoas e relacionamentos? Para diferenciar o julgamento dos tipos perceptivos, observe a atitude geral em relação à vida — ele parece relaxado, aberto, descomprometido? Ou você tem a sensação de que essa pessoa está constantemente tomando decisões e sempre tem um plano ou está prestes a traçar um?

Abordar as pessoas usando apenas um ou dois desses aspectos é suficiente para restringir personalidades em potencial. Como sempre, tome cuidado com seus preconceitos e suposições (por exemplo, a pessoa não está nem um pouco sensível, ela só se encontra em um ambiente descontraído e tem uma queda enorme por você!). Você pode testar sua teoria na hora, ajustando seu estilo de comunicação e observando os resultados.

Você saberá que está conversando com uma pessoa mais pensadora se ela responder melhor a uma ideia nova e fascinante que você compartilha, mas achar sua história pessoal um pouco chata, por exemplo. Se a pessoa com quem você está conversando continua querendo levar a discussão a uma conclusão definitiva, você pode adivinhar que ela está mais próxima do lado J do que do P. Porém, tudo é sempre uma questão de contexto.

Também vale lembrar que diferentes ambientes tendem a trazer à tona diferentes traços de personalidade. É quase certo que seu cônjuge se comunicará com mais ênfase em sentimentos ao discutir seu casamento do que quando estiver no local de trabalho, e isso não tem nada a ver com sua orientação de sentimento/pensamento.

TEMPERAMENTOS DE KEIRSEY

Uma forma popular de compreender o MBTI se dá pela utilização dos quatro temperamentos de David Keirsey. Ele ajudou a organizar as informações que as pessoas recebiam do MBTI, reduzindo os dezesseis tipos de personalidade a quatro temperamentos gerais. Em cada temperamento, Keirsey também identificou dois tipos de papéis que alguém pode desempenhar de forma instintiva e natural.

Temperamento um: o guardião

Diz respeito a quem é sensível ou julgador. São pessoas que buscam pertencimento, desejam contribuir para a sociedade e confiam em suas próprias habilidades.

Os guardiões também são práticos e organizados. Buscam segurança e pertencimento ao mesmo tempo que se preocupam com responsabilidades e deveres. O talento para a logística é um dos seus maiores pontos fortes: são excelentes para organizar, viabilizar, oferecer suporte e verificar.

Suas duas funções são: administradores e conservadores. Os administradores tendem a ser versões proativas e diretivas dos guardiões. São mais eficientes na regulação. Já os conservadores representam as versões reativas e expressivas dos guardiões e são ótimos apoiadores.

Temperamento dois: o artesão

Ocorre quando um indivíduo é sensível e perceptivo. São pessoas que vivem livremente e gostam de acontecimentos cheios de ação.

Artesãos são completamente adaptáveis. Em geral, buscam estímulo e virtuosismo. Gostam de causar um grande impacto, e um de seus maiores pontos fortes é a tática. São extremamente proficientes em solução de problemas e em agilidade. Também têm a capacidade de manipular ferramentas, instrumentos e equipamentos.

Os artesãos têm duas funções: operadores e artistas. Os operadores são a versão diretiva e proativa dos artesãos. Têm uma grande capacidade de tomar providências e são promotores atentos às variantes de função. Os artistas são as versões mais informativas e reativas dos artesãos. Levam jeito para improvisar e são atentos aos detalhes.

Keirsey estima que cerca de 80% da população se caracteriza ou como artesãos ou como guardiões.

Temperamento três: o idealista

São os intuitivos e sentimentais, que encontram sentido em suas vidas quando ajudam a si mesmos e aos outros a serem as suas melhores versões. Valorizam a singularidade e a individualidade.

Os idealistas são abstratos e podem ser compassivos. Trabalham para buscar significado em quase tudo. Preocupam-se com seu próprio crescimento pessoal e em serem capazes de encontrar suas verdadeiras identidades. São muito bons em diplomacia e têm força para esclarecer, unificar, individualizar e inspirar os outros.

Têm duas funções: mentores e defensores. Os mentores são as versões proativas e diretivas dos idealistas. São muito bons em desenvolvimento e seus papéis variantes são conselheiros e professores. Os defensores são os idealistas reativos e informativos, muito bons em mediação.

Temperamento quatro: o racional

Ocorre quando alguém é intuitivo e pensador. Sempre há nessas pessoas um desejo de buscar conhecimento, e elas são altamente competentes. É comum demonstrarem um senso de satisfação pessoal.

Os racionais são objetivos e abstratos. Procuram ser mestres em seu ofício e ter autocontrole. Geralmente, preocupam-se com seu conhecimento e sua competência. A estratégia é sua maior força, e eles têm a capacidade de investigar, projetar, conceituar, teorizar e coordenar de maneira lógica.

Suas duas funções são coordenadores e engenheiros. Os coordenadores são as versões proativas e diretivas dos racionais. São ótimos em organização, e suas funções variantes são mentores e militares. Os engenheiros são as versões reativas e informativas dos racionais.

Os Temperamentos de Keirsey podem levar a análise dos traços de personalidade alguns passos mais adiante do que o MBTI. Eles ajudam a avaliar os resultados de uma pessoa em relação a outras características, enquanto o MBTI se concentra em cada característica individualmente. Mas, como o MBTI, nenhum indivíduo pode ter apenas um temperamento. Quase todas as pessoas possuem características dos quatro temperamentos ao mesmo tempo, por isso seria extremamente difícil identificar apenas uma categoria.

Os temperamentos em geral têm a capacidade de dar às pessoas uma noção de como elas são e do que podem fazer para mudar suas personalidades. Ter um tipo de personalidade apenas lhe diz como você é, mas os temperamentos vão além dessa interpretação superficial. A identificação do temperamento permite que as pessoas busquem, potencialmente, uma mudança para melhor. Podem ganhar mais autoconsciência e se adaptar melhor, caso necessário.

Ambos os testes têm a capacidade de fornecer informações úteis e, pelo menos, um ponto de partida para se analisar alguém. Dependendo de algumas observações iniciais, você poderá mudar a maneira como se comunica com uma pessoa, as perguntas que faz e a maneira como fala. Isso pode ajudá-lo a coletar mais informações sub-repticiamente, usando seu envolvimento com alguém como um experimento contínuo, ao longo do qual você testa novamente suas hipóteses sobre essa pessoa.

Isso não é tão frio quanto parece; na verdade, as pessoas naturalmente capacitadas a fazer esse tipo de leitura são muitas vezes consideradas pelos outros mais interessantes, simpáticas, atraentes, inteligentes e compassivas. Por exemplo, se estivesse conversando com um indivíduo que você suspeitasse ser um idealista, você poderia elogiá-lo de uma maneira que sabe que ele apreciaria: diria que ele é gentil e faz um bom trabalho para o mundo. Se estivesse passando por um desentendimento com alguém que envia fortes pistas de que pode ser um artesão, você poderia tentar resolver o conflito referindo-se aos benefícios práticos de fazê-lo, em vez de apelar para a "lógica", tentando forçar suas emoções ou fazendo um apelo à convenção ou à autoridade.

Passamos ao último dos nossos testes de personalidade com o Eneagrama, que funciona de forma semelhante aos Temperamentos de Keirsey.

O ENEAGRAMA

O teste do Eneagrama foi desenvolvido na década de 1960 como uma forma de as pessoas alcançarem a *autoatualização*. Seu foco é o autoaperfeiçoamento, pois ele força as pessoas a enfrentarem suas próprias falhas. O que o torna único é seu objetivo de identificar o *como* e o *porquê*, e não *o que* as pessoas fazem. Em vez de mergulhar nas minúcias, é útil apresentarmos uma visão ampla dos tipos de resultados possíveis do Eneagrama para que assim possamos determinar se nos identificamos (ou não) com eles.

Existem nove eneatipos que podem ser identificados ao se fazer o teste:

Tipo um: o reformador. Esse tipo de indivíduo se preocupa em estar sempre certo e possui um alto nível de integridade. Também pode ser considerado crítico e hipócrita. Exemplos: padres e médicos.

Tipo dois: o ajudante. É o tipo que deseja ser amado e apreciado. Costuma ser generoso, mas também pode ser visto como manipulador e orgulhoso. Exemplos: mães e professores.

Tipo três: o empreendedor. Esse tipo de pessoa adora ser elogiado e aplaudido. São workaholics, o que pode torná-los narcisistas e vaidosos. Exemplos: atores e estudantes.

Tipo quatro: o individualista. Em geral, é o tipo que tem necessidade de ser único. Certamente é criativo, mas também pode ser mal-humorado e temperamental. Exemplos: músicos e pintores.

Tipo cinco: o investigador. É o tipo que se esforça para ser bem-informado e competente. Na maioria das vezes, é bastante objetivo, mas tem tendência a se esconder. Exemplo: pesquisadores.

Tipo seis: o legalista. É o tipo voltado para o planejamento. É leal a qualquer pessoa que aprecie. Questiona tudo, o que pode torná-lo desconfiado e paranoico. Exemplos: sobrevivencialistas e policiais.

Tipo sete: o entusiasta. Esse tipo gosta de aventura e é muito energético. Tira o melhor de todas as experiências, o que pode torná-lo imprudente e excessivamente indulgente. Exemplos: aventureiros e atores.

Tipo oito: o desafiador. É o tipo de pessoa que precisa estar no controle ou ter poder. É assertivo, o que pode fazê-lo parecer agressivo e extremista. Exemplos: pais autoritários e militares.

Tipo nove: o pacificador. É o tipo estável e mediador. Em geral, é tranquilo e receptivo. Mas esse tipo de comportamento ingênuo pode torná-lo alheio às coisas negativas que acontecem ao seu redor. Exemplos: hippies e avós.

Algumas pessoas podem exibir um pouco de cada um desses tipos ou demonstrar em maior grau apenas alguns. Fazer o teste permite compreender melhor a si mesmo e entender por que você age de dada maneira em determinadas situações. O teste força as pessoas a olharem para si mesmas de uma forma mais profunda, o que potencialmente pode desbloquear maneiras inconscientes de pensar.

Considere esses testes de personalidade uma introdução teórica à leitura e à análise de pessoas, porque o processo é o seguinte: compreender várias escalas de testes, observar as pessoas e, então, determinar onde elas podem se encaixar. No fim, você pode obter informações úteis, mas também pode estar tentando encaixar as pessoas em categorias incorretas ou estar totalmente errado em sua percepção.

Para ter certeza de que está usando essas teorias da melhor maneira possível, lembre-se de que são simplesmente modelos, nada mais. Os modelos têm limitações e são sempre simplificações exageradas de fenômenos complexos. Uma teoria ou uma ideia de personalidade pode ajudar a tornar mais fácil explicar ou compreender a criatura complexa chamada ser humano, mas você precisa estar pronto para continuar coletando dados e ajustando suas percepções à medida que avança.

Digamos que a pessoa que você conheceu ontem realmente lhe pareceu um Eneagrama tipo oito, o desafiador. Em sua conversa com ela no trabalho, você notou sua linguagem corporal enérgica e direcionada — voz firme, postura imponente, contato visual direto, mandíbula rígida, olhar penetrante e interrupções constantes por parte dela. Mas, então, quando você a encontra hoje, fora do trabalho, percebe que a linguagem corporal, na verdade, parece mais ansiosa. Poderia a aparente contundência dela ser uma máscara? Nas conversas posteriores, você troca de modelo e começa a entender que essa pessoa não é nada enérgica, mas simplesmente confiante e direta em sua comunicação. Você começa a vê-la como um tipo "racional", focado e entusiasmado, com alta extroversão, mas com conscienciosidade e amabilidade relativamente baixas. Ao começar a se envolver com ela, tendo tudo isso em mente, de repente você percebe que estão se dando muito bem e logo se tornam amigos muito próximos!

APRENDIZADOS

- Começamos nossa jornada de análise de pessoas como um psicólogo, primeiro examinando os vários testes de personalidade e determinando o que se pode extrair deles. Vimos que conseguimos extrair um pouco, embora não se possa dizer que sejam medidas ou categorias definitivas. Mas eles fornecem diferentes escalas e perspectivas a partir das quais podemos ver as pessoas de maneira diferente.

- Os Cinco Grandes traços de personalidade compreendem uma das primeiras tentativas de classificar as pessoas com base em traços específicos, e não como um todo. As características são: abertura à experiência (tentar coisas novas), conscienciosidade (ser cauteloso e cuidadoso), extroversão (extrair energia de outras pessoas e de situações sociais), amabilidade (ser caloroso e simpático) e neuroticismo (ser ansioso e tenso).

- Em seguida, o MBTI, que, embora útil como diretriz, pode ser prejudicado pelo fato de as pessoas o tratarem como um horóscopo, lendo em seu tipo o que desejam ver sobre si mesmas. O MBTI tem como base quatro características distintas e quanto de cada característica se encaixa à pessoa que faz o teste. As características são: introversão/extroversão (sua atitude geral em relação aos outros); intuição/

sentimento (como você percebe as informações); pensamento/sentimento (como você processa as informações) e percepção/julgamento (como você implementa as informações). Disso tudo resultam dezesseis tipos distintos de personalidade.

◈ O MBTI apresenta algumas deficiências, como a utilização de estereótipos para classificar as pessoas e a falta de consistência quando elas pontuam de forma diferente, dependendo do seu estado de espírito e das circunstâncias.

◈ Os Temperamentos de Keirsey são uma forma de organizar as mesmas informações obtidas no MBTI. Aqui, existem quatro temperamentos distintos, cada qual com dois tipos de papéis em vez de dezesseis tipos de personalidade. Os quatro temperamentos são: guardião, artesão, idealista e racional. Keirsey estimou que até 80% da população se enquadrava nos dois primeiros.

◈ Finalmente, o Eneagrama é o último teste de personalidade que abordamos neste capítulo. É composto por nove tipos gerais de personalidade: reformador, ajudante, empreendedor, individualista, investigador, legalista, entusiasta, desafiador e pacificador. Cada tipo é composto por um conjunto específico de características e, portanto, funciona de forma semelhante aos Temperamentos de Keirsey.

CAPÍTULO 4

DETECÇÃO DE MENTIRAS (E ADVERTÊNCIAS)

ATÉ AGORA, NESTE LIVRO, PENSAMOS SOBRE TODAS as diferentes motivações que obrigam as pessoas a agir e a se envolver com outras, todas as maneiras pelas quais suas necessidades podem influenciar sua comunicação e suas ações, como o ego intervém nessa mistura e todas as muitas maneiras pelas quais podemos "ler nas entrelinhas" e considerar o corpo como um todo ao ouvir por completo o que uma pessoa está "dizendo".

Tudo isso mostra que podemos examinar mais profundamente as pessoas e compreendê-las melhor. Mas, sejamos honestos, grande parte dessa "compreensão" não provém apenas de uma curiosidade inocente. Muitos de nós temos uma necessidade (legítima) de compreender melhor as pessoas para que possamos detectar quando elas estão nos manipulando, escondendo algo ou mentindo descaradamente.

Ser um bom julgador de caráter e um excelente leitor de pessoas faz de você um grande amigo, amante, pai e colega de trabalho. Mas também pode protegê-lo das intenções nada nobres dos outros. Seja para detectar mentiras inofensivas em sua vida pessoal, identificar táticas dissimuladas de flerte ou descobrir alguém que deseja ativamente prejudicá-lo (indústria de publicidade, estamos falando com você!), as habilidades que consideramos até agora podem ser uma poderosa estratégia de autodefesa.

Neste ponto do livro, você provavelmente já está cansado de ouvir essa advertência, mas vale a pena repetir: na leitura de pessoas, não há garantias. Ela envolve observações, teorias e palpites mais embasados, mas nenhuma técnica é absoluta, já que temos maneirismos, personalidades e origens diferentes.

O que abordamos neste capítulo é um excelente ponto de partida: mais uma ferramenta para incluir no kit, mais uma lente por meio da qual você poderá visualizar os dados. Veremos como os detectores de mentiras profissionais realizam seu trabalho, ou seja, agentes do FBI e da CIA, interrogadores e policiais que precisam ser tão precisos quanto possível em um espaço de tempo às vezes muito curto.

O PROBLEMA: A INCERTEZA

Assim como todo mundo se acha um motorista acima da média, a maioria das pessoas parece pensar que é boa em detectar mentirosos — mesmo que talvez não o sejam. Um estudo de 2006 publicado na revista *The Forensic Examiner* mostrou que, na verdade, as pessoas em geral são péssimas em detectar mentirosos, e não importava a sua idade, o seu nível de educação, o gênero ou a confiança em sua capacidade de detectar enganações. Mesmo pessoas treinadas profissionalmente para detectar mentiras não se saíam tão bem.

Outro artigo de 2006, publicado na *Personality and Social Psychology Review*, apontou que a maioria das pessoas, até mesmo psicólogos e juízes, não se saíam melhor na detecção de mentiras do que o mero acaso. Algumas estimativas dizem que apenas cinquenta em cada 20 mil pessoas são capazes de identificar um mentiroso mais de oitenta vezes — uma taxa de sucesso nada otimista!

Embora ninguém goste de pensar que é especialmente fácil de enganar, o fato é que um mentiroso experiente pode ser dono de um convencimento extremo. E é aqui que começamos nosso capítulo sobre como se tornar uma pessoa mais capacitada a detectar mentiras: com cautela.

O problema é que as coisas a que geralmente recorremos para nos ajudar a ler pessoas — expressões faciais, linguagem corporal, escolha de palavras — podem sempre conter certo grau de variabilidade. Achamos que todas as pessoas mentirosas se apresentarão da mesma maneira previsível, mas é claro que as diferenças individuais são tão amplas que tornam essas dicas e esses truques de observação quase inúteis.

Embora as técnicas que discutimos nos capítulos anteriores possam nos dizer muito sobre a personalidade de uma pessoa sincera, que não está ativamente tentando esconder nada, a história é outra quando se trata de um enganador.

Um problema ainda maior é que os mentirosos têm acesso às mesmas informações que os possíveis detectores de mentiras. Se alguém sabe que tocar o rosto com frequência será visto com desconfiança, pode simplesmente tomar cuidado para não fazer isso. Na verdade, se você estiver lidando com uma pessoa muito acostumada a mentir, ou que de alguma forma quase acredita na história que está lhe contando, ela pode não dar nenhuma bandeira.

Então, por que se preocupar em aprender a detectar mentiras se é algo tão difícil de acertar? Porque existem certas condições sob as quais a precisão da tentativa de detectá-las *pode* melhorar. Se pudermos compreender essas condições e tivermos expectativas realistas quanto à nossa precisão, poderemos nos tornar melhores leitores de caráter e menos propensos a sermos enganados.

A detecção de mentiras é em geral mais precisa quando:

- Você tem um parâmetro sólido de comportamento para comparar o comportamento atual.
- A pessoa que mente é espontânea, ou seja, não teve como ensaiar sua mentira ou se preparar.
- A mentira trará consequências reais se for detectada — isso pode deixar os mentirosos mais nervosos.

Infelizmente, não existe um único indício ou sinal que sirva como um indicador confiável da desonestidade de alguém. Uma pessoa pode ficar mais falante de repente, outra pode ter um pequeno tique, outra pode ficar muito séria e distraída. Além disso, mesmo que você consiga identificar o nervosismo com segurança, não poderá associá-lo com segurança a uma mentira — a pessoa pode estar apenas nervosa porque sabe que você desconfia dela!

Poderíamos mudar as coisas e olhar para elas por outro ângulo — em vez de perguntar como podemos melhorar a detecção de enganos, será que podemos entender primeiro por que somos enganados? Desse ponto de vista, nada pode ser feito quanto à existência de mentirosos, mas podemos olhar para *nós mesmos* e nos perguntar que aspectos de nossas próprias personalidades, crenças ou comportamentos permitem que a mentira passe despercebida.

Para a maioria, mentir é entendido como um erro moral absoluto. Não gostamos de mentir, mas também odiamos pensar que fomos enganados por um mentiroso. Se tivermos uma crença inconsciente de que ninguém mentiria para nós, ou que poderíamos detectar a mentira caso mentissem, estamos preservando um pouco o nosso ego e nos assegurando de que o mundo é em grande parte um lugar justo.

A maioria das pessoas é boa e honesta e simplesmente não gosta de julgar os outros, preferindo o conforto de estender a confiança — quantos de nós acreditamos falsamente que os outros se comportarão com os mesmos escrúpulos morais que nós?

Se pudermos assumir nossos próprios preconceitos, além de expectativas e crenças inconscientes sobre o que os outros nos dizem, teremos mais hipóteses para detectar mentiras. Pode até ser bom imaginar que você tem um bom radar para mentirosos e é quase um "polígrafo humano", mas nada atrapalha tanto a observação e a análise quanto a crença reconfortante de que você sabe fazer isso e, inclusive, já fez antes. Os métodos que usamos nos capítulos anteriores para descobrir os valores e a personalidade precisarão de um incremento se quisermos usá-los para detectar mentiras.

É TUDO UMA QUESTÃO DE CONVERSA

Pergunte a um homem na rua como identificar um mentiroso e ele lhe dirá coisas como "Seus olhos ficam esquisitos", ou "Ele olha para cima e para a direita", ou ainda "Ele gagueja". Mesmo profissionais devidamente treinados podem confiar em algumas dessas técnicas como formas infalíveis de detectar mentiras. Mas, infelizmente, se fosse assim tão fácil, mentir seria muito menos comum e ninguém jamais seria enganado. A verdade é que uma boa detecção de mentiras vai muito além de captar comportamentos isolados.

É claro que a linguagem corporal é importante. Mas, de certa forma, uma mentira é uma construção verbal — é uma narrativa apresentada de forma dinâmica, em tempo real e sempre no contexto de uma conversa ativa. Detectar mentiras é mais do que apenas observar como um falcão uma contração facial aqui ou uma palma suada ali. Trata-se de trabalhar com toda a conversa.

Na conversa, você também é uma parte envolvida. Pode fazer perguntas, orientar a discussão e pressionar sutilmente a pessoa para que *ela lhe ofereça informações* em vez de ter de procurá-las. Vamos reformular a detecção de mentiras como uma habilidade de conversação em oposição a um conjunto de observações estáticas e isoladas.

Seu cônjuge está agindo de forma suspeita e você pergunta onde ele esteve nas últimas cinco horas. Seu filho está lhe contando uma história sobre como acabou com um olho roxo. Ou um colega de trabalho está explicando detalhadamente por que decidiu abandonar um projeto. Trata-se de conversas vivas e dinâmicas, e não simplesmente performances unilaterais proferidas no banco de testemunhas.

Sua capacidade de detectar uma mentira dependerá da maneira *como você se relaciona* com a pessoa que está contando a mentira. Sua interação precisa ser estratégica e proativa. A primeira coisa a se ter em mente é, de início, usar perguntas abertas. Deixe a outra pessoa falar primeiro e, com frequência, dê-lhe tempo para expor quaisquer fatos ou tópicos possivelmente conflitantes que você possa desvendar para depois comprovar uma mentira.

O dr. Ray Bull, da Universidade de Derby, é um professor de investigação criminal que estuda a arte e a ciência dessa técnica de conversação há anos, tendo publicado artigos em vários periódicos de psicologia, comportamento e direito. Sua principal descoberta: no *processo* de detecção de mentiras, é a *relação* entre o entrevistador e o entrevistado que mais importa.

Você deve falar o mínimo, pelo menos no início. Se tiver alguma evidência ou informação já descoberta, não a mencione pelo maior tempo possível. Lembre-se, o mentiroso está em uma posição difícil. É ele que tem de convencê-lo de uma história e em geral não sabe o que você sabe. Com frequência, reter a informação é suficiente para fazer com que alguém deixe escapar acidentalmente algo que resolva a questão.

Por exemplo, se seu cônjuge está lhe contando uma longa história sobre a noite que supostamente passou com um amigo, faça algumas perguntas sobre o que fizeram juntos, o que comeram, como estava o clima na casa do amigo e assim por diante. Observe o que ele diz. No fim da conversa, você pode revelar que sabe que aquele amigo está de férias no momento, mas, ao não revelar que sabia disso, você deu ao mentiroso a chance de contar a história planejada e revelar uma falha em sua narrativa.

Observe como as informações são apresentadas. Os mentirosos costumam fazer um relato completo e altamente detalhado de uma só vez, mas têm pouco a oferecer além disso quando questionados. Afinal, eles já ensaiaram tudo mentalmente, mas não ensaiaram respostas para perguntas nas quais não pensaram. As pessoas que dizem a verdade, no entanto, tendem a não revelar tudo de uma vez e respondem com facilidade quando perguntadas sobre detalhes.

Você pode tentar o seguinte: de repente, faça uma pergunta aleatória e não relacionada, na qual a pessoa não terá pensado antes. Observe se ela está se esforçando para inventar algo na hora. Os mentirosos também costumam demorar mais para responder às perguntas e fazem pausas com mais frequência enquanto narram suas respostas. Quem diz a verdade pode até ter dificuldade de se lembrar de um detalhe, mas dirá "Não sei" sem grandes preocupações, enquanto um mentiroso pode parecer apressado a inventar algum disparate detalhado para preencher a lacuna percebida.

Se você notar uma discrepância ou mesmo uma mentira descarada, não deixe transparecer. Espere um pouco e observe. Talvez você flagre o mentiroso inventando ativamente uma história. Quando enfim decidir confrontar essa pessoa com evidências, continue observando suas respostas. As pessoas pegas com a boca na botija podem ficar zangadas ou fechadas, enquanto uma pessoa que diz a verdade pode simplesmente se mostrar um pouco confusa e continuar a repetir a mesma história.

O dr. James Driskell é o chefe da Florida Maxima Corporation, que pesquisa questões de ciência comportamental, como detecção de mentiras. Ele tem algumas dicas extras sobre como analisar as histórias de várias pessoas que podem ou não estar colaborando com uma mentira. Ele afirma que, quando duas pessoas mentem juntas, elas não se consultam sobre a forma de contar a história nem elaboram o que a outra vai falar. Assim, se você suspeitar que duas pessoas estão mentindo, observe como elas interagem uma com a outra — pessoas honestas mostram-se muito mais confortáveis e proativas ao compartilhar uma história.

USE O ELEMENTO SURPRESA

Coloque-se no lugar de um mentiroso (ou lembre-se da última vez que você contou uma mentira!). Há muitos pequenos detalhes dos quais você deve se lembrar e precisa parecer calmo e confiante ao fazer isso. Você pode imaginar que será muito mais fácil esclarecer sua história se tiver tempo de analisar tudo em detalhes primeiro. Em outras palavras, quanto mais tempo você tiver para se preparar, mais tempo terá para acalmar seus nervos e ensaiar sua resposta.

Mentirosos espontâneos são os piores mentirosos. Se você puder questionar a pessoa no calor do momento, haverá uma chance maior de pegá-la mentindo desajeitada e apressadamente. Tal como acontece com as técnicas de conversação mencionadas, você não está tentando adivinhar se a história que lhe é apresentada é verdadeira ou falsa com base apenas na linguagem corporal etc. Você está tentando fazer com que a outra pessoa se revele e tropece em sua própria teia de fantasias.

Já vimos que perguntas feitas de surpresa podem pegar uma pessoa desprevenida, pois a afastam do roteiro ensaiado. Fique atento a quaisquer mudanças repentinas na confiança, na velocidade de fala ou no contato visual. Uma indiscrição clássica ocorre quando uma pessoa reage a uma pergunta direta e simples de resposta sim ou não com uma resposta evasiva. Isso pode sinalizar que ela está tentando ganhar tempo para pensar em uma mentira convincente. Quem conta a verdade não tem dificuldade de responder imediata e diretamente. Repetir a pergunta ou oferecer uma resposta prolixa e excessivamente detalhada é outra maneira de ganhar tempo.

Por exemplo:

— Ei, alguém comeu meu almoço que estava na geladeira! Mike, você comeu minha marmita?

— Hã? O que você disse?

— Minha marmita. Eu coloquei na geladeira com um *post-it* em cima...

— É, então, as pessoas neste escritório podem ser bem sorrateiras...

— Você comeu, não foi?

— Sua marmita? Está me chamando de mentiroso?

— Bem, foi você quem a comeu ou não?

— Cara, que loucura. Não *acredito* que você acha que...

E assim por diante!

Veja como tudo reside na forma como a história é apresentada. Quando você pega um indivíduo desprevenido, ele fica um pouco confuso de repente ou pode até responder com raiva. Fique atento a mudanças repentinas de humor ou de fala. Alguém pode esconder o pânico parecendo estar com raiva ("Por que me fazer uma pergunta tão estúpida?" ou "O quê? Você não sabe?").

Se você suspeita que alguém esteja mentindo e quer descobrir o que está acontecendo, aja de forma casual e faça perguntas rapidamente e antes que a pessoa tenha tempo de inventar uma lorota. Se você conseguir, muitas observações comportamentais ou de linguagem corporal poderão se tornar mais úteis — observe o nervosismo ou as tentativas de se esconder algo, tanto física quanto verbalmente.

Há quem possa de repente agir como se estivesse ofendido ou recorrer à proteção divina ("Juro por Deus!") em vez de responder à pergunta direta e claramente. O que você pode fazer é pegar a pessoa em um momento de descuido e observar a reação dela às perguntas. Ela pode ficar tão nervosa e envergonhada que confessará imediatamente, em pânico.

COMO AUMENTAR A CARGA COGNITIVA

Dizer a verdade é muito fácil — basta lembrar-se do que puder e dizer em voz alta. Contar uma mentira é muito mais difícil, pelo menos do ponto de vista cognitivo. Você não está se lembrando de nada, está ativamente fabricando uma nova história que precisa ter credibilidade suficiente. Uma ótima maneira de fazer com que os mentirosos se entreguem é sobrecarregar seus cérebros já sobrecarregados até que cometam um erro e digam de forma mais óbvia o que você deseja saber.

A melhor abordagem é não se comportar como se estivesse em um interrogatório formal, desempenhando o papel de um detetive. Seja casual, mas mantenha a pessoa falando. Ouça com atenção e aplique uma leve pressão nas partes da história que parecerem mais frágeis. Com o tempo, a verdade poderá emergir, ou você poderá encontrar uma inconsistência flagrante. Se você insistir nessa inconsistência, poderá ser recompensado com ainda mais mentiras ou diferenças irreconciliáveis.

Uma técnica muito interessante é começar a conversa falando diretamente sobre o quão honesta a outra pessoa se mostra. Isso pode encorajá-la a ser mais honesta mais tarde ou, pelo menos, ajudá-lo a descobrir uma tensão entre o desejo de parecer verdadeiro e o ato de mentir. Essa tensão pode levar uma pessoa a confessar por conta própria ou pelo menos atrapalhar sua mentira.

O pesquisador canadense Jay Olson escreveu extensivamente sobre o poder da persuasão e descobriu que técnicas persuasivas podem ser usadas com grande efeito ao se tentar desmascarar enganadores. Faz sentido que você tente detectar passivamente uma mentira em outra pessoa, ou você pode ativamente *extrair* a verdade dela usando perguntas inteligentes e direcionadas, além de tato e técnicas de persuasão.

Quando você aumenta a carga cognitiva, está essencialmente dando à outra pessoa muito em que pensar, então a mentira dela desmorona. Uma técnica útil é você mesmo afirmar algo falso e observar a reação do outro. Isso não apenas lhe dirá qual é o seu comportamento básico em relação às inverdades, como a informação extra representará mais uma pressão nas costas do indivíduo. Faça isso algumas vezes, alternando entre verdadeiro e falso, e assim você exigirá que o mentiroso faça muitos malabarismos mentais de improviso.

Você também pode pedir-lhe que conte uma história que você já sabe ser verdadeira, para poder comparar sub-repticiamente com a possível mentira. Isso é útil se você não conhece bem a pessoa, mas deseja obter uma ideia de seu comportamento normal.

Faça perguntas inesperadas que obrigarão o mentiroso a abandonar temporariamente a história ensaiada. Quando voltar, ele próprio pode já ter se esquecido dos detalhes. Pegue uma parte inconsequente da história e a repita para ele com um detalhe extra que você adicionou ou um pequeno desvio incorreto. Veja como ele reage. Se ele realmente achar que você cometeu o deslize inconscientemente, tenderá a concordar com você e, por conveniência, deixar por isso mesmo.

Todos nós mantemos conversações normais e naturais durante toda a vida — tente ver se consegue detectar alguma rigidez, estranheza ou falta de naturalidade na história apresentada. Se a conversa estiver bem adiantada e as rachaduras começarem a aparecer, você pode até começar a aludir diretamente às consequências de a mentira ser descoberta. Isso pode confundir e estressar a pessoa, minando seus recursos cognitivos e tornando cada vez mais provável que ela cometa um erro ou diga algo de fato contundente.

Por fim, observe como a emoção é expressa durante a conversa. Joe Navarro, ex-agente do FBI e especialista em interrogatórios, reforça a importância de se lançar mão da observação de "conjuntos" de comportamento, em vez de observações isoladas. Por trás do fato cognitivo da mentira, há uma *emoção*: culpa, nervosismo, medo ou mesmo uma satisfação secreta por escapar impune (conhecida em inglês como *duper's delight*, ou "deleite do impostor").

Com frequência, as mentiras podem ser apresentadas com uma espécie de distanciamento frio e calmo. Você pode observar a pessoa adicionando cuidadosamente um pouco de emoção falsa aqui e ali para causar efeito, mas, se você a conhece bem, essas expressões podem parecer um pouco estranhas — a emoção parece atrasada ou cronometrada, dura muito tempo, ou é de uma intensidade descabida.

Isso ocorre porque a carga cognitiva resultante de contar uma grande mentira pode interferir na expressão genuína da emoção. Uma pessoa que luta para manter sua própria mentira exibirá muitos dos sinais e pistas sobre os quais Navarro fala: lábios franzidos, corpo afastado, tocar o pescoço ou o rosto ou "ventilar" — ou seja, fazer coisas para se refrescar, como abrir o botão superior de uma camisa ou tirar o cabelo do pescoço e do rosto.

À medida que você aumenta a carga cognitiva com perguntas complexas e confusas, é de se esperar que mais emoções surjam. Continue detalhando as minúcias. Uma ótima maneira de observar a interação entre a emoção e a carga cognitiva do relato de uma narrativa ficcional é perguntar diretamente sobre as emoções. Muitas pessoas ensaiam detalhes, mas não planejam com antecedência como vão responder emocionalmente (ou seja, fingir!).

Por exemplo, o agente do FBI pode perguntar como alguém se sentiu ao "encontrar" um cadáver. Isso pode levar um tempo para a pessoa responder (porque ela não construiu essa informação em sua mentira), ou ela pode responder sem emoção ou com uma exibição emotiva pouco convincente. Quem diz a verdade será capaz de responder quase instantaneamente de maneira genuína, muitas vezes exibindo a mesma emoção aqui e ali.

Além de fazer perguntas, a sobrecarga cognitiva pode ser utilizada de outra forma para revelar mentiras. Devido à quantidade de esforço cognitivo necessário para fabricar uma narrativa e mantê-la, nosso cérebro presta menos atenção a outras facetas da transmissão de detalhes. Por exemplo, se um cônjuge está tentando mentir sobre onde esteve o dia inteiro, provavelmente narrará sua explicação de uma forma desprovida de emoção. Detalhes sobre o tempo passado com amigos que em geral seriam contados em tom alegre irão, em caso de mentira, se transformar em uma série de declarações objetivas das quais o orador se distancia. Isso acontece porque o mentiroso não pode ser objetivo em sua mentira e ao mesmo tempo emocional quando se trata dos detalhes da mentira. Sendo assim, procure perceber as emoções que uma pessoa transmite junto com sua narrativa e analise se elas de fato correspondem ao que se está dizendo. A narrativa parece ensaiada? Você teria sido mais expressivo ao contar os mesmos detalhes? Perguntas como essas podem ajudá-lo a analisar melhor a mentira.

O outro lado desse distanciamento vocal em relação à sua narrativa é que os sinais emocionais são expressos de forma mais perceptível em sua linguagem corporal. É extraordinariamente difícil para qualquer pessoa, mesmo para mentirosos treinados, mascarar certos sinais não verbais quando se está mentindo, e são eles que você precisa detectar em grupos para concluir definitivamente que alguém não está dizendo a verdade. Alguns, como sinais faciais, são mais ocultados com maior facilidade.No entanto, estudos mostram que mentir produz excitação devido à ansiedade e à culpa que os mentirosos em geral experimentam (a menos que sejam psicopatas).

Isso torna as pessoas mais suscetíveis a exibir sinais comportamentais não verbais. Por exemplo, as pessoas piscam com mais frequência quando mentem por causa da excitação. Falhas e lapsos na fala e dilatação das pupilas também são sinais de mentira. Além disso, a frequência desses sinais está diretamente correlacionada com a complexidade da mentira. Portanto, se uma pessoa pisca muito mais do que a média, a escala de sua mentira provavelmente também é grande.

Portanto, existem duas maneiras de usar a sobrecarga cognitiva para detectar mentiras. Com paciência, você pode encontrar buracos na história, fazendo perguntas estratégicas e certas, ou pode tentar observar sinais comportamentais específicos que acompanham a mentira e a sobrecarga cognitiva. Ou, melhor ainda, usar tudo isso em conjunto para chegar a conclusões mais precisas.

DICAS GERAIS PARA UMA DETECÇÃO DE MENTIRAS ACIMA DA MÉDIA

- Relaxe e deixe a outra pessoa oferecer informações em vez de extraí-las dela. Não revele o que você sabe cedo demais — ou não revele nunca.

- Mantenha-se relaxado e use um tom casual. O que você está observando não é a pessoa em si, mas a pessoa em uma situação de quase interrogatório com você. Portanto, não faça com que pareça uma inquisição, caso contrário você pode deixá-la nervosa devido à sua postura, não por causa de uma possível mentira.

- Não se preocupe com sinais e pistas individuais, como tocar o nariz, olhar para a direita ou gaguejar. Em vez disso, observe como a pessoa reage às *mudanças* na conversa, sobretudo em momentos em que você acredita que ela pode estar improvisando.

- Atente-se a histórias que pareçam extraordinariamente longas ou detalhadas — os mentirosos usam mais palavras e podem até falar mais rápido.

- Não tenha pressa. Pode demorar um pouco até você descobrir uma mentira. Mas, quanto mais a outra pessoa fala, mais chances ela terá de cometer um deslize ou de se confundir em sua história.

- Preste atenção às inconsistências — detalhes da história que não fazem sentido, expressões emocionais que não se enquadram na história ou mudanças abruptas na forma como a história é contada. Falar pelos cotovelos e, de repente, ficar quieto e sério ao ouvir uma pergunta específica certamente é revelador.

- Sempre interprete a conversa à luz do que você já sabe, do contexto e de outros detalhes que observou em suas interações com essa pessoa. É tudo uma questão de observar os padrões e tentar determinar se alguma interrupção nesse padrão aponta para algo interessante.

- Não tenha receio de confiar em seu instinto! Seu inconsciente pode ter captado dados que sua consciência não percebeu. Não tome decisões apenas com base na intuição, mas também não a descarte de antemão.

APRENDIZADOS

◈ A observação casual da linguagem corporal, da voz e dos sinais verbais pode nos ajudar a compreender as pessoas honestas, mas precisamos de técnicas mais sofisticadas para detectar mentirosos.

◈ A maioria das pessoas não é tão boa em detectar mentiras quanto pensa. Preconceitos, expectativas e crenças de que não podemos ou não devemos mentir podem atrapalhar a percepção de que estamos sendo enganados.

◈ Uma boa detecção de mentiras é um processo dinâmico que se concentra na conversa. Use perguntas abertas para fazer com que as pessoas entreguem informações voluntariamente e observe. Fique atento a histórias excessivamente prolixas apresentadas de uma só vez; note inconsistências na história ou no efeito emocional, na demora ou na recusa de responder a certas perguntas e na incapacidade de responder a perguntas inesperadas.

◈ É mais fácil detectar um mentiroso quando a mentira é espontânea — tente impedir que o mentiroso prepare ou ensaie um roteiro, ou então faça perguntas inesperadas ou plante uma mentira você mesmo para observar a reação e obter uma base de comparação para a possível mentira.

- ◈ O aumento da carga cognitiva pode fazer com que um mentiroso se atrapalhe em sua história ou se esqueça de detalhes. Continue buscando os detalhes e desconfie se não baterem, se a emoção não corresponder ao conteúdo ou se a pessoa estiver deliberadamente ganhando tempo.

- ◈ Observe sinais específicos de que uma pessoa está sobrecarregada cognitivamente. Por exemplo, o mentiroso demonstrará menos emoções ao falar em comparação a outras pessoas na mesma situação. As emoções aparecerão em sua linguagem corporal. Em geral, ele piscará mais, sua pupila ficará dilatada e haverá falhas e lapsos em sua fala.

- ◈ Detectar mentirosos é notoriamente difícil, mas aprimoramos as nossas hipóteses quando nos concentramos em conversas estratégicas e direcionadas, concebidas para fazer o mentiroso tropeçar em sua própria história em vez de tentar adivinhar intenções ocultas apenas por meio da linguagem corporal.

CAPÍTULO 5

USANDO O PODER DA OBSERVAÇÃO

NESTE CAPÍTULO, VAMOS NOS BASEAR EM MUITO DO que já abordamos, mas com um elemento extra: a restrição de tempo. Com o avançar de uma relação, é possível conhecer alguém muito bem, mesmo que você não seja um bom leitor de pessoas. A verdade, porém, é que nem sempre dispomos de muito tempo. Às vezes, precisamos fazer avaliações rápidas do caráter das pessoas, em questão de minutos ou até segundos.

Veremos aqui maneiras de avaliar as pessoas, observar seu comportamento, ouvi-las falar e, efetivamente, fazer uma "leitura a frio" partindo do zero, com pouquíssimas pistas de seu contexto. Todos já vimos os chamados videntes e médiuns se comunicando com os mortos. O médium lança uma isca vaga e genérica, direcionada a um público amplo; alguém, então, a morde. Então, o médium a especifica um pouco mais. Se a pessoa for mais velha, talvez o médium faça uma vaga alusão a um filho ou cônjuge, ciente de que a maioria das pessoas daquela faixa etária provavelmente é casada e tem filhos. Dependendo da reação sutil a essa deixa, o médium vai especificando ainda mais...

A lógica desse processo é o que buscamos reproduzir, não o seu resultado (enganar as pessoas, fazendo-as pensar que nos comunicamos com seus parentes falecidos!). Na verdade, existem alguns métodos cientificamente comprovados que podem nos auxiliar a fazer julgamentos precoces bastante precisos sobre as pessoas — desde que saibamos como usá-los.

COMO USAR O *THIN-SLICING*

Em psicologia, *thin-slicing* (algo como "corte fino") é a capacidade de encontrar padrões usando-se pouquíssimos dados, ou seja, de fazer "cortes finos" do fenômeno que você está tentando observar — em nosso caso, uma pessoa e seu comportamento. Foi em um artigo de 1992 do *Psychological Bulletin*, assinado pelos psicólogos Nalini Ambady e Robert Rosenthal, que se cunhou o termo, mas se trata de um conceito filosófico e psicológico que já existia há algum tempo. A ideia é usar poucas pistas para chegar a previsões precisas do comportamento futuro.

Alguns estudos psicológicos demonstraram que a precisão da avaliação que as pessoas fazem das outras não tende a melhorar depois da avaliação inicial, feita nos primeiros cinco minutos. Isso pode significar que as primeiras impressões nunca mudam, ou que as pessoas podem de fato reunir tudo de que precisam saber em apenas alguns segundos.

Uma pesquisa realizada por Albrechtsen, Meissner e Susa, em 2019, mostrou que a "intuição" (ou os julgamentos precoces) era, em muitos casos, melhor do que o acaso na identificação de preconceitos ou mentira nos outros. Curiosamente, os participantes que usaram a intuição também tiveram um desempenho melhor do que as pessoas que avaliaram a situação de forma mais deliberada e consciente.

Será que é possível aproveitar essa mesma capacidade para avaliar melhor as pessoas ao seu redor?

Um aspecto fundamental dos julgamentos precoces é que eles são em grande parte inconscientes, e por isso são tão rápidos. Malcolm Gladwell escreveu um famoso livro sobre *thin-slicing*, chamado *Blink: a decisão num piscar de olhos*, no qual explorou essas tendências inconscientes. Por exemplo, alguns especialistas em arte conseguiram detectar de imediato que havia algo de errado com uma nova escultura, embora não soubessem dizer por quê. Mais tarde, confirmava-se que a escultura era falsa.

Um exemplo famoso é o de John Gottman, que afirma ser capaz de dizer com 95% de precisão se um casal ainda estará junto daqui a quinze anos, apenas de olhar para os cônjuges. Curiosamente, sua precisão *cai* para 90% se ele passar mais tempo observando o casal, o que sugere que as avaliações mais precisas são feitas logo no início.

Como podemos usar o *thin-slicing* em nossas tentativas de analisar e compreender melhor as pessoas ao nosso redor? Será que a intuição e o instinto superam os nossos esforços mais racionais, deliberados e conscientes?

Sim e não. Nalini Ambady também descobriu que o nosso estado emocional pode ter impacto na precisão desses julgamentos precoces: foi demonstrado que se sentir triste, por exemplo, diminui a precisão das pessoas quando elas avaliam os outros, talvez porque a tristeza induza um processamento mais deliberado de informações.

No início do livro, nós examinamos tendências e preconceitos e como essas reações instintivas poderiam interferir em nossa capacidade de entender as pessoas. Então, o que fazer com a intuição? Bons leitores de pessoas em geral se utilizam de *ambos* os processos de maneira consciente, recorrendo a cada um deles para compensar as potenciais limitações do outro.

Por exemplo, logo no primeiro minuto de uma entrevista de emprego, você pode ter um "mau pressentimento" sobre a pessoa que está conduzindo a conversa e sobre o local como um todo. Pode não saber o motivo, mas algo parece errado. Você é chamado para uma segunda entrevista, à qual comparece e tenta se manter aberto, coletando o máximo de dados possível, mas ainda assim não chega a nenhuma conclusão. Como você respeita sua intuição inicial, pergunta sutilmente sobre a função que desempenhará. A resposta vem na forma de uma linguagem corporal evasiva, com alguns sinais de enganação e mentira, além de uma explicação que não se sustenta.

Por causa disso, você pesquisa um pouco e, enfim, um amigo em sua rede lhe diz que a pessoa que acabou de ser demitida do cargo para o qual você está sendo entrevistado denunciou um incidente de assédio sexual — perpetrado por alguém que ainda trabalha na empresa e que seria seu gerente direto. Aqui, você pode ver o instinto e o pensamento cuidadoso e deliberado usados em conjunto para chegar a uma boa decisão, cada qual apoiando o outro com informações.

Os juízes usam essa técnica (na forma de "senso jurídico"), os militares e a polícia também, assim como os bombeiros, os socorristas e as pessoas que buscam parceiros românticos, quer sejam encontrados de forma rápida, quer não. A intuição é poderosa e muitas vezes precisa, mas, se quisermos ter certeza de que não estamos apenas seguindo um viés de confirmação inconsciente (isto é, procurando por "evidências" para provar um julgamento precipitado, descartando todo o resto), precisamos igualmente lançar mão da tomada de decisão consciente.

Quando estiver lidando com alguém novo, não tente pensar muito sobre isso logo de cara. Apenas observe qual é a sua reação instintiva e permita que ela o direcione suavemente para uma análise mais profunda e consciente. Dê a si espaço para desafiar quaisquer primeiras impressões, mas não ignore sua resposta instintiva, mesmo que não consiga explicá-la!

FAZENDO OBSERVAÇÕES INTELIGENTES

Como você pode imaginar, a qualidade das avaliações que você faz com base em seu "corte fino" depende muito do que estiver contido nas "fatias". Se alguém o encontrasse em um dia particularmente corrido, não seria justo que você fizesse uma avaliação completa de sua personalidade com base nos poucos dados que viu naqueles segundos.

Mas, então, quais dados você *deve* usar?

Logo que conhecer alguém, permita que seu cérebro faça o que já faz naturalmente: julgamentos precoces que mal alcancem o limiar de sua consciência. Mas, à medida que o contato com a pessoa continua, você pode recorrer a métodos de observação mais deliberados. Pode desacelerar seu processamento e focar nas coisas que ela diz, nas palavras que usa, nas imagens que compartilha. Veremos agora se e-mails e redes sociais podem de fato nos dizer algo sobre uma pessoa e como decodificar não apenas o modo como ela fala, mas também sua escolha real de palavras.

Observe as palavras que as pessoas usam

Você provavelmente já faz isso. A maneira como uma pessoa escreve uma mensagem de texto já o faz pensar algo ruim sobre ela? Você já foi persuadido pela escolha de palavras de alguém ou adivinhou o humor, o nível de escolaridade, o gênero ou a personalidade de alguém apenas pelas características de uma mensagem de e-mail?

Um estudo de 2006 publicado na *Social Influence* mostrou que o uso de obscenidades e palavrões fazia as pessoas pensarem que o orador era mais intenso e persuasivo — mas, curiosamente, isso não afetava a percepção de sua credibilidade. Um estudo relacionado publicado no *Journal of Research in Personality* descobriu que a linguagem das mensagens de texto tem muito a dizer sobre uma pessoa. Por exemplo, mais pronomes pessoais (eu, meu, seu) se correlacionam com extroversão, o neuroticismo se correlaciona com palavras de emoção negativa, e a amabilidade, com mais palavras de emoção positiva.

A escolha das palavras também pode indicar o estado da saúde mental e física das pessoas. Aquelas que tendem a ser mais neuróticas usam palavras muito mais expressivas ao dizer algo negativo. Por exemplo, se estiverem incomodadas com alguma coisa, não dirão simplesmente que não gostam daquilo que as incomoda. Usarão uma linguagem mais dura, dizendo que estão "cansadas" ou "com ódio" daquela coisa. Por outro lado, pessoas mais positivas tendem a moderar suas descrições e raramente usam palavras como ódio, nojo etc. Se você notar que alguém está constantemente reagindo a coisas aparentemente menores com palavras que indicam sofrimento agudo, há um problema mais profundo envolvido.

Como vimos no capítulo anterior, as pessoas que mentem tendem não apenas a demonstrar isso em sua linguagem corporal, mas também nas palavras que usam. Mentirosos tendem a falar mais e usam mais palavras que remetem aos sentidos (como ver, tocar etc.) e menos pronomes pessoais (talvez distanciando-se de modo inconsciente ou culpando sutilmente os outros).

Pode parecer que a pessoa está se esforçando ao máximo para contar uma história complicada — um sinal claro de que a história pode ser inventada. Em geral, a pessoa que mente usará como padrão histórias que são mais fáceis de acompanhar e transmitir. Ela evita o uso de termos causais (por exemplo, "x fez isso e aquilo por causa de Y, e isso fez com que Z acontecesse..."), uma vez que eles são um pouco mais complexos de manter no cérebro do que simplesmente relatar uma série de acontecimentos.

Qualquer político, palestrante motivacional ou especialista em marketing dirá que as palavras que você usa fazem uma enorme diferença. Mas o que eles fazem com consciência e intenção é algo que muitos de nós fazemos de modo inconsciente. Nossa escolha de palavras emerge de nossos valores mais profundos, de nossas personalidades, de preconceitos, expectativas, crenças e atitudes.

Uma coisa a se observar é se uma pessoa usa uma terminologia complexa quando isso não é necessário. Estudos mostram que pessoas que usam palavras atípicas em suas conversas cotidianas, sem exagerar, tendem a ser mais populares e queridas porque parecem inteligentes. No entanto, se você perceber que alguém está se utilizando de termos desnecessários, isso pode refletir o desespero de ser visto como alguém inteligente e culto. É útil saber disso se você estiver analisando alguém que ocupa uma posição de autoridade, como um político, um consultor financeiro, um chefe etc. Se o indivíduo recorre em demasia a uma linguagem difícil, você saberá que não deve confiar nele — ou, caso seja o seu chefe, você deve usar isso a seu favor.

Você também pode notar quando as pessoas adotam uma terminologia militar ou de caça quando falam de namoro e relacionamento — uma admissão inconsciente de como veem possíveis parceiros. Alguém que use constantemente "nós" ao acabar de conhecê-lo está tentando lhe dizer algo: que o vê como aliado ou, pelo menos, que o quer como aliado.

Por outro lado, uma pessoa que use quase que exclusivamente declarações com "eu" está mostrando onde está o seu verdadeiro foco. Observe como as pessoas encadeiam os acontecimentos ou como atribuem causa e efeito. Por exemplo, alguém pode dizer "Ele ficou magoado" em vez de "Eu o magoei", o que indica como essa pessoa enxerga a própria responsabilidade na situação. Alguém que casualmente lhe diga que "A patroa está grávida" está, sem dúvida, comunicando uma mensagem muito diferente de alguém que diz "Estamos esperando um bebê".

Como você pode imaginar, este é um território obscuro, e aprender a decodificar a escolha de palavras das pessoas é mais arte do que ciência. Você precisará conectar esses dados à constelação maior que está tentando construir e levar em consideração as convenções linguísticas locais, além de idade, classe, problemas de fala, a formalidade do contexto, os níveis de educação e até a excentricidade.

Mas há diretrizes a seguir e caminhos a explorar. Considere as seguintes questões durante sua próxima conversa:

- A pessoa usa muitos pronomes pessoais ou fala mais sobre os outros? A analista financeira Laura Rittenhouse acredita que, quanto mais vezes a palavra "eu" for mencionada nas cartas anuais aos acionistas, pior será o desempenho geral da empresa.
- As palavras são muito emotivas e dramáticas ou simples, neutras e baseadas apenas em fatos?
- Há muito jargão ou linguagem técnica em sua fala? Por que são usados?
- A pessoa usa muitas palavras difíceis, mesmo quando uma terminologia mais simples daria conta do recado? Por quê?
- A pessoa fala muitos palavrões? O que isso lhe diz sobre os outros dados que você coletou?
- Como é o vocabulário da pessoa? Por exemplo, ela chama um desentendimento de "ataque" ou os funcionários de "colegas"?

- A pessoa está usando palavras que sabe que você não entende ou palavras que só você e ela compartilham? Por quê? Está criando solidariedade e familiaridade ou tentando excluí-lo de um jogo de poder?
- Pronomes como "você" e "seu" estão sendo usados para culpar, direcionar a atenção para outra pessoa ou manipular?
- A pessoa está imitando a sua linguagem — isto é, está repetindo expressões ou palavras que você usa? Isso pode ser um sinal de que ela está buscando conciliação e harmonia.

LEIA PESSOAS COMO SHERLOCK HOLMES LÊ A CENA DE UM CRIME

Já vimos que podemos analisar uma pessoa mesmo quando temos acesso apenas a poucas informações, como a sua voz. Da mesma forma, ler pessoas é algo que você pode fazer apenas de olhar o que está bem na sua frente. Você consegue juntar todos os pontos e *enxergar* por trás de todas os sinais, pistas e sugestões?

Que "corte fino" seria melhor do que uma fotografia, um instantâneo de apenas uma fração de segundo de uma vida muito maior? Você pode dizer muito sobre uma pessoa ao observar fotografias dela. Dacher Keltner e LeeAnne Harker, da Universidade da Califórnia, em Berkley, estudaram fotografias de dezenas de mulheres no anuário da faculdade — todas, como você pode imaginar, sorrindo.

Mas havia dois tipos diferentes de sorrisos: um sorriso "Duchenne", ou genuíno, e um sorriso apelidado de "Pan Am". O sorriso genuíno envolvia todo o rosto, com os olhos mais fechados e enrugados e linhas aparecendo ao redor da boca e do nariz. O sorriso posado ou forçado aparecia apenas na boca, não afetando os olhos nem os músculos do restante do rosto.

O mais interessante é que os pesquisadores encontraram as mulheres das fotografias muitos anos mais tarde e descobriram que aquelas que demonstraram sorrisos genuínos nas fotografias tiveram maior probabilidade de se casarem, de serem mais felizes de maneira geral e de gozarem de melhor saúde do que aquelas com o sorriso forçado. Se *toda* foto de uma pessoa a mostra forçando um sorriso em vez de a mostrar genuinamente feliz, você pode concluir que a pessoa não é tão feliz (ou ela é modelo, ou odeia tirar fotos — o contexto é importante!).

Quando um psicólogo ou psiquiatra faz uma anamnese inicial com um novo paciente, parte da sua avaliação inclui a aparência física. Pode não parecer totalmente justo julgar as pessoas por sua aparência, mas os psicólogos estão na verdade à procura de coisas muito específicas em suas observações. A pessoa está despenteada e malcuidada? Vestida de forma excêntrica, sem se importar com o clima ou a ocasião?

Quer queiramos, quer não, as roupas nos dizem muito sobre uma pessoa, já que nenhum de nós se veste de maneira neutra. Nossas roupas são uma forma de afirmar uma identidade sobre quem somos e como queremos que os outros nos vejam. São uma forma poderosa de comunicar nossa identidade sexual e de gênero, nossa cultura e idade, nosso status socioeconômico, nossas ocupações, personalidades e até algo mais, como nossa afiliação religiosa.

Você provavelmente já lê as aparências, mas tente fazer isso de maneira um pouco mais deliberada na próxima vez que conhecer alguém sobre quem gostaria de saber mais. A psicóloga dra. Jennifer Baumgartner acredita que deveria haver até uma "psicologia das roupas" — o modo como as pessoas compram roupas e se vestem diz muito sobre suas motivações, seus valores e sua autopercepção. As roupas indicam onde nos encaixamos no mundo, nosso status e o sistema de significados que atribuímos à nossa aparência:

- Em primeiro lugar, esqueça quaisquer "regras" sobre o que são roupas boas, sensuais, profissionais e assim por diante. É tudo relativo. Em vez disso, observe o traje da pessoa e como ele se adapta ao ambiente ao seu redor. Uma pessoa que insiste em usar joias finas e sapatos brancos para ir a uma obra, por exemplo, está enviando uma mensagem clara sobre suas prioridades e seus valores.
- Observe o nível geral de esforço e cuidado. O estilo de alguém pode não ser do seu agrado, mas observe se há ou não esforço por trás dele. Falta de cuidado e de atenção pode sinalizar baixa autoestima ou depressão.
- Procure marcadores de status ou prestígio escolhidos de maneira proposital — a pessoa está se esforçando para vestir um jaleco branco, um uniforme, algum tipo de símbolo honorífico? E quanto aos indicadores de

riqueza ou poder? Isso fala sobre seu autoconceito e seus valores.

- Embora os fatores culturais devam ser considerados, uma pessoa que use roupas para chamar a atenção para a sua sensualidade (especialmente em contextos inadequados) está tentando mostrar que o apelo sexual é uma grande parte de sua identidade.
- Alguém que usa roupas de trabalho mesmo fora do horário de expediente está comunicando que a sua identidade está ligada ao seu ganha-pão. Isso também pode se aplicar aos pais que ficam em casa — uma mãe que usa sapatos resistentes e um moletom manchado pode estar lhe dizendo, de maneira não tão sutil, que as necessidades de sua família são mais relevantes do que seu desejo de expressar individualidade!
- Roupas mais formais costumam ser sinal de maior cuidado, enquanto usar cores mais escuras pode ser um indicador de neuroticismo. Muitos acessórios podem indicar extroversão (lembra-se das decorações de Natal?).

O lar e os objetos pessoais: extensões da personalidade

Na região rural da Provença, na França, existe uma antiga tradição de plantar um, dois ou três ciprestes na entrada de uma casa, para sinalizar a disposição dos ocupantes de receber convidados. Três árvores costumavam significar que um viajante cansado poderia parar a fim de receber comida e uma cama quente, duas significavam que os residentes ficariam felizes em alimentá-lo e dar-lhe água, mas apenas uma significava que eventuais visitantes deveriam manter distância.

Comunicar-se dessa forma com os outros não é exclusividade dos franceses, é claro. Algumas pesquisas publicadas em 1989 no *Journal of Environmental Psychology* sugeriram que os norte-americanos que decoram suas casas com enfeites de Natal desejam transmitir simpatia e um senso de coesão de grupo aos seus vizinhos e tendem a ser mais sociáveis.

Ao visitar a casa de alguém, observe o lugar como observaria a maneira como o anfitrião se veste, sua linguagem corporal ou sua escolha de palavras — afinal, uma casa é uma extensão da gente. A casa é "aberta" e acolhedora? Bem conservada ou um pouco negligenciada? Procure sinais de sociabilidade: áreas para hóspedes, detalhes dedicados aos visitantes. Uma pessoa com uma casa vazia e excessivamente limpa pode denunciar sua neurose. Decorações caras e fotos em molduras douradas ao lado de celebridades mostram o que a pessoa valoriza: prestígio e riqueza.

Pense no lar como o único lugar no mundo onde as pessoas se sentem confortáveis e seguras e podem ser elas mesmas. O lar — sobretudo os cômodos mais íntimos e pessoais, como o banheiro e o quarto — é um espaço que tornamos nosso, de acordo com nossos valores e necessidades.

Pergunte-se: o que há em excesso? Se uma pessoa pendura muitas fotos com a família ou tem uma pilha de livros no quarto, você pode facilmente perceber que essas coisas são importantes para ela. A ausência de coisas em um lar também é grande indicadora da personalidade de alguém. A mobília é simples? Há poucos objetos pessoais à vista? Há muito espaço vazio? É possível que a pessoa que você está analisando seja simplesmente minimalista, mas isso também pode ser uma pista problemática, indicando problemas de saúde mental, falta de vínculos sociais ou baixa autoestima.

O lar é também onde demonstramos as nossas aspirações — observe a decoração, no que as pessoas gastam dinheiro e no que não gastam, e de onde vem a inspiração delas. O que as escolhas dizem sobre como elas se veem ou como gostariam de ser vistas pelos outros? Obviamente, uma pessoa que aluga um apartamento apenas por um ano pode dar menos pistas, enquanto uma casa de família tende a mostrar mais a cultura familiar geral do que as personalidades individuais que a compõem, mas todas essas são informações relevantes!

Em seu livro *Snoop: What Your Stuff Says about You*, Sam Gosling explica que você pode até adivinhar as inclinações políticas de alguém pela decoração do quarto. Ele percebeu que os norte-americanos conservadores tendiam a ter mais itens organizacionais e de decoração convencional, como bandeiras e apetrechos esportivos. Seus quartos eram mais iluminados e arrumados do que aqueles de pessoas com inclinação mais liberal, cujos quartos continham mais livros e CDs, materiais de arte, papelaria e recordações culturais. Os espaços ocupados pelos liberais também tendem a ser mais coloridos. Em geral, se um espaço for excessivamente limpo e ordenado, o ocupante tende a ser conservador porque é inclinado à conscienciosidade. Por outro lado, os espaços liberais demonstram abertura e criatividade, porque seus ocupantes não gostam de ficar presos à rotina e à ordenação.

É claro que existem diferenças regionais pronunciadas, e o que é visto como arrumado, bem decorado ou moderno em uma parte do mundo pode ser percebido de forma bem diferente em outra, por isso devemos levar esse fator em conta. Por outro lado, identificar quaisquer discrepâncias entre uma casa e o ambiente local é em si uma fonte de informação — e quando uma família quer construir uma casa que não se pareça em nada com a de seu vizinho, por exemplo, ou adota costumes de um país estrangeiro?

De acordo com Gosling, os objetos pessoais podem ser divididos em três categorias:

- Os objetos que fazem **afirmações de identidade** : itens que mostram nossa personalidade, nossos valores ou nosso senso de identidade de modo explícito. Enfeites, pôsteres, prêmios, fotos, joias (por exemplo, uma correntinha com um crucifixo dourado ou uma tatuagem de nó celta). Olhe para o espaço e pergunte: quem mora aqui? Que tipo de pessoa possui esses objetos?
- Objetos que atuam como **reguladores de sentimentos** : as coisas que ajudam as pessoas a gerir seu próprio estado emocional. Uma citação inspiradora, uma foto de um ente querido, itens sentimentais. Tudo isso lhe mostra o que a pessoa mais valoriza e preza.
- Finalmente, itens que são **resíduos comportamentais**: trata-se do que foi deixado para trás no curso normal da vida, como algumas garrafas velhas de vodca no canto, uma pilha de livros no sofá, um projeto de artesanato inacabado na mesa da sala de jantar. São

itens que fornecem uma visão clara dos hábitos e comportamentos das pessoas.

Ler a vida de uma pessoa da mesma forma que você lê sua linguagem corporal ou voz não é difícil — basta ser observador. Observe tudo. Que estações de rádio ela ouve no carro e quais são os adesivos em seu para-choque? Qual é seu nome de usuário e o papel de parede escolhido? Observe carteiras, sapatos, fotografias, equipamentos esportivos, animais de estimação, alimentos e bebidas consumidos e material de leitura. Essas coisinhas podem falar alto... desde que você esteja ouvindo.

Como ler o comportamento das pessoas na internet

Hoje em dia, já sabemos que não devemos acreditar em tudo que vemos on-line e que a imagem que as pessoas pintam de si mesmas nas redes sociais pode ter muito pouco a ver com o que elas de fato são. Mesmo assim, será que é possível observar as redes sociais de alguém e seu comportamento on-line e inferir um pouco sobre quem essa pessoa é? A resposta é sim!

Em primeiro lugar, você nem precisa olhar as redes sociais para ter uma ideia inicial da personalidade de alguém on-line — comece com seus e-mails. Além da escolha de palavras e da linguagem geral (que já abordamos), dê uma olhada no horário em que a pessoa costuma enviar e-mails para você. Um ou dois e-mails tarde da noite não significam muita coisa, mas, se você recebe e-mails consistentemente de madrugada, pode adivinhar que está lidando com um notívago.

Mas e daí, certo? Acontece que o cronotipo de uma pessoa — seus padrões de ritmo circadiano — pode dizer algo sobre sua personalidade. Uma pesquisa de Michael Breus sugeriu que aqueles que acordam cedo e vão dormir antes das 22h são mais propensos a ser extrovertidos, ambiciosos e sociáveis. Descobriu também que aqueles que são notívagos apresentam taxas ligeiramente mais altas da chamada "tríade sombria" de traços de personalidade: narcisismo, maquiavelismo e psicopatia.

Isso não significa que a pessoa que lhe envia mensagens de texto tarde da noite de sábado seja um psicopata — mas essa pode ser uma evidência de um *padrão* que indica que você está diante de uma pessoa mais introvertida, ansiosa e criativa. Acredita-se que aqueles que têm horários de sono variados apresentam um cronotipo também diferente; indivíduos com sono leve podem ficar mais facilmente estressados e tendem a ser mais ansiosos e conscienciosos do que outros tipos.

Mas, voltando às redes sociais. Com centenas de milhões de pessoas utilizando plataformas como Facebook e Instagram, seria uma pena ignorar esse aspecto do comportamento humano. Se você está se perguntando se pode confiar no que uma pessoa compartilha nas redes sociais para concluir algo genuíno sobre ela, é possível que se interesse por um estudo de 2010 feito por Beck e coautores sobre estudantes e seu comportamento nas redes sociais.

Os pesquisadores aplicaram a 236 estudantes um teste de personalidade *Big Five* para avaliar os seus cinco principais traços de personalidade, além de outro teste concebido para medir qual era a sua personalidade idealizada, ou seja, o tipo de pessoa que gostariam de ser. A última peça do quebra-cabeça foi pedir a estranhos que dessem uma olhada nos perfis dos alunos nas redes sociais e fizessem algumas avaliações sobre suas personalidades.

O resultado, talvez surpreendente, foi de que as pessoas eram mais propensas a exibir o seu eu real, e não o idealizado, nas redes sociais. Em outras palavras, as pessoas eram em sua maioria honestas e diretas sobre quem eram nas redes sociais. No entanto, as conclusões do estudo devem ser interpretadas com cautela — as avaliações que as pessoas fizeram foram apenas de traços mais gerais. Alguns traços de personalidade são mais difíceis de detectar dessa forma. Por exemplo, o neuroticismo pode ser difícil de identificar, mas a sensatez e a extroversão são mais óbvias.

Então, as redes sociais podem ajudar a entender uma pessoa? Em boa parte, sim. Tal como acontece com qualquer outra informação que possamos analisar para tentar compreender pessoas, precisamos ter em mente que se trata apenas de uma pequena fatia de dados (um "corte fino") e que os padrões são mais importantes do que acontecimentos isolados. Às vezes, as palavras podem facilmente atrapalhar o julgamento porque em geral são tingidas de emoções mais positivas ou negativas on-line. No entanto, o tipo de foto que uma pessoa publica, sobretudo a foto do perfil, pode nos ajudar a colocá-la com certa precisão na escala *Big Five*. Estudos mostram que uma pessoa com alto nível de abertura à experiência ou neuroticismo tende a postar imagens de si com uma expressão facial neutra em vez de positiva. Pessoas com alto nível de conscienciosidade, amabilidade e extroversão são mais propensas a ter fotos com sorrisos e emoções positivas. As duas últimas categorias também costumam ter fotos mais coloridas e emocionalmente fortes do que os outros grupos.

Vale lembrar, ainda, que conhecer o caráter *idealizado* de uma pessoa na verdade diz muito sobre seu caráter real. Da mesma forma que uma casa cheia de lembranças de viagens e mapas nas paredes lhe diz que a pessoa valoriza conhecer o mundo, as redes sociais cheias de fotos de viagens são apenas uma forma deliberada de comunicar aos outros: "Eu gostaria que você me visse como um viajante".

Analisando pessoas no local de trabalho

É o temor secreto de qualquer entrevistado: talvez o sucesso da entrevista se reduza àqueles poucos segundos cruciais entre a saudação e o aperto de mão, e nada mais. Vimos que as primeiras impressões certamente impactam nossa avaliação das pessoas, e todos os velhos clichês parecem ser verdadeiros. Por exemplo, o aperto de mão de alguém pode ser revelador.

Um artigo de 2011 publicado na revista *Social Influence* tentou descobrir se os apertos de mão poderiam ajudar as pessoas a julgar melhor os outros. Pediram aos participantes que avaliassem a personalidade de cinco pessoas depois de conhecê-las, com metade dos participantes trocando apertos de mãos e a outra metade sem apertar as mãos. O grupo que apertou as mãos foi mais preciso na avaliação da conscienciosidade das pessoas que cumprimentaram do que o grupo dos que não apertaram as mãos. Não é que aqueles empresários que insistem em reuniões cara a cara podem estar certos?

Se você está tentando "ler" alguém e tiver a chance de apertar sua mão, preste atenção nesses poucos momentos vitais: um aperto de mão mole, de "peixe morto", pode significar algumas coisas, como baixa autoestima, desinteresse ou falta de compromisso. As palmas das mãos suadas podem significar ansiedade, embora nem sempre — algumas pessoas podem ter sudorese naturalmente, então procure outros sinais de confirmação. Veja quem inicia o aperto. Aqueles que logo se aproximam c apertam com muita força estão tentando controlar o ambiente, talvez até mesmo dominar a reunião. Quando uma pessoa estende a mão com a palma mais voltada para o chão, ela está simbolicamente tentando "chegar por cima" e comandar a situação, ou controlar você.

Tal como acontece com o abraço, observe quem sai primeiro do contato — recuar de imediato é um sinal de relutância ou hesitação, enquanto demorar e sacudir a mão para cima e para baixo por mais tempo do que o confortável pode significar que alguém está tentando persuadi-lo ou tranquilizá-lo. Se alguém lhe oferecer uma mão delicada para você apertar, quase como uma rainha que oferece a sua para um súdito beijá-la... bem, isso já fala por si!

Um aperto de mão com as duas mãos (uma segunda mão colocada sobre o aperto de mão) é usado para demonstrar sinceridade, mas na verdade é mais provável que seja usado por políticos ou diplomatas *tentando* parecer sinceros — o efeito pode, na verdade, ser um pouco condescendente.

Em geral, quanto mais aberto, caloroso e confortável for o aperto, mais extrovertida e agradável será a pessoa. A extroversão é a característica detectada com maior facilidade pelos apertos de mão. Porém, mesmo que alguém tenha um aperto de mão estranho, procure outras pistas situacionais antes de tirar qualquer conclusão.

No mundo do trabalho, as redes sociais também podem servir como um indicativo importante. Curiosamente, se você está tentando avaliar a personalidade de um colega ou potencial contratado, o conselho é ignorar o currículo e consultar as redes sociais. Pode não parecer justo que as pessoas façam julgamentos precipitados com base nas redes sociais dos outros, mas há algumas evidências que sugerem que tal providência pode realmente ser um método preciso — não apenas para avaliar a personalidade, mas também o desempenho de alguém no trabalho.

O pesquisador Don Kluemper pediu aos participantes que avaliassem a personalidade de estranhos nas redes sociais. Eles então examinaram os titulares das contas nas redes sociais e seu desempenho geral no trabalho, descobrindo que aqueles que pareciam mais conscienciosos, agradáveis e intelectualmente curiosos na verdade se saíam melhor em seus empregos. Já vimos em um estudo anterior que a autoimagem das pessoas nas redes sociais é, na verdade, bastante honesta — o que este outro estudo nos diz é que as características que comunicamos aos outros influenciam tudo, inclusive nosso desempenho profissional.

Caso você esteja se perguntando se uma foto supercasual em uma casa noturna pode ser usada contra a pessoa do ponto de vista profissional, a conclusão geral é de que... bem, o contexto é importante. Os perfis foram avaliados favoravelmente quando mostraram que as pessoas tinham interesses amplos, experiências de viagem, muitos amigos e hobbies interessantes — portanto, um estudante com algumas "fotos de festa" misturadas com todo o resto pode ser visto como uma pessoa autêntica e completa.

De qualquer forma, esses estudos nos dizem algo importante: algumas das fontes mais promissoras de informação sobre as pessoas com quem trabalhamos não são as que normalmente consideramos ideais.

OBSERVAÇÃO ATIVA: COMO USAR PERGUNTAS

O famoso filósofo grego Aristóteles declarou certa vez: "Conhecer a si mesmo é o começo de toda sabedoria". O fundador dos Estados Unidos da América, Benjamin Franklin, parecia defender uma ideia semelhante: "Existem três coisas extremamente duras: o aço, um diamante e conhecer a si mesmo". Um está dizendo que a autoconsciência é a raiz da sabedoria, enquanto o outro sugere que a autoconsciência é um estado difícil de alcançar.

Este livro não é sobre autoconsciência, mas sabemos que o processo para adquiri-la é semelhante ao de analisar outras pessoas. Também é igualmente difícil.

Esta seção concentra-se no que podemos descobrir sobre os outros fazendo-lhes perguntas *indiretas*. Com base em suas respostas, podemos aprender muito sobre as pessoas. E isso reflete o que podemos compreender sobre nós mesmos por meio do mesmo processo.

Como as pessoas desenvolvem autoconsciência? Em geral, fazendo a si mesmas perguntas simples e diretas que podem sugerir aspectos que estão fora de seu conhecimento consciente. Perguntas como: "O que faz de mim alguém feliz e realizado?". Mas perguntas diretas como essa devem ser consideradas um ponto de partida medíocre, porque forçam o indivíduo a divagar e a criar uma resposta do nada. Não costumam levar a descobertas interessantes, apenas a belos chavões. A pessoa pode mentir ou até mesmo interpretar a pergunta de maneira inútil. É sério: experimente responder à pergunta anterior de forma a de fato lhe dar algum significado e direcionamento.

E se lhe perguntassem algo como: "Quais partes da sua semana você mais espera?", ou "O que você faria se ganhasse na loteria e pudesse escolher como passar seu tempo?", ou ainda "Qual é o seu tipo favorito de férias?". Essas perguntas suscitam respostas concretas, com especificidades nas quais é possível se aprofundar. Na verdade, procuram chegar aos comportamentos das pessoas, o que fornece a melhor base para compreendê-las. Pensamentos e intenções são importantes, mas, em última análise, se nunca forem traduzidos em ação, serão inúteis para os nossos propósitos.

E, na verdade, esse é só o começo de um processo de análise de informações das pessoas, que, por natureza, são ambíguas e estão longe de serem definitivas.

QUESTÕES INDIRETAS, INFORMAÇÕES DIRETAS

Esta seção fornece uma nova maneira de analisar pessoas. Por meio de questionamentos inocentes, podemos descobrir uma série de informações que representam toda uma visão de mundo ou conjunto de valores. Por exemplo, e se você perguntasse por quais meios alguém se informa, por quais canais de televisão, veículos e publicações, e que especialistas ou apresentadores prefere? É um excelente exemplo de pergunta indireta que permite entender um pouco como o interlocutor pensa. Envolve algum grau de extrapolação e suposições, mas pelo menos há uma informação concreta que gera muitas associações.

Comecemos com algumas dessas questões indiretas antes de nos aprofundarmos, pedindo às pessoas que elaborem mais e vendo o que podemos extrair a partir daí. Essas perguntas são formuladas para desafiá-las e inspirar reflexões cuidadosas. Elas exigem que as pessoas se aprofundem para que possamos começar a compreender seus padrões de comportamento e pensamento.

1. Para que tipo de prêmio você se esforçaria mais e que punição você se esforçaria mais para evitar?

A resposta a essa pergunta pode ajudar a identificar o verdadeiro motivo por trás do impulso de um indivíduo. Além das coisas superficiais, o que de fato o motiva? Com o que ele de fato se importa? E que tipo de dor ou prazer é importante para ele? No nível instintivo, o que importa mais, tanto de forma positiva quanto negativa? De certa forma, a resposta também reflete seus valores.

Por exemplo, indivíduos propensos ao jogo estão em busca do prêmio máximo. Tentam sem parar, seja com raspadinhas, seja com máquinas caça-níqueis, ganhar o grande prêmio em dinheiro. Estão motivados a recuperar suas perdas? Sua esperança é ficarem mais ricos do que podem imaginar? Realmente querem isso ou estão preenchendo um vazio, mantendo-se distraídos? Por que, aliás, se esforçam tanto? Você pode supor que sua motivação tenha a ver com a emoção e a adrenalina do risco envolvido. Eles se preocupam em ganhar um salário estável ou em encontrar um propósito? Talvez sim, talvez não.

Quando você consegue descobrir o que um indivíduo mais deseja e por quê, muitas vezes conclui o que o motiva sem precisar perguntar diretamente. A forma como as pessoas respondem a essa pergunta dirá quais são as suas prioridades e o que consideram dor e prazer em suas vidas.

Procure a emoção por trás das respostas e poderá obter uma boa leitura sobre os valores de seu interlocutor. A meta de ascender ao nível de CEO não existe em um vácuo — quais são os sentimentos, as emoções e as expectativas que advêm desse desejo? Da mesma forma, a disposição de não empobrecer remete a desejos específicos de segurança e proteção.

2. Onde você deseja gastar dinheiro e onde aceita economizar ou não gastar nada?

A resposta revela o que é importante na vida de alguém e o que se deseja vivenciar ou evitar. Na verdade, o que se quer comprar não é o mais importante; há um ponto em que os pertences materiais não têm mais utilidade, e a questão é o que esses itens representam. Por exemplo, às vezes, gastar dinheiro em experiências em vez de uma bolsa nova tem o potencial de melhorar o bem-estar geral e a perspectiva de vida de alguém. Mais uma vez, procure as emoções e motivações subjacentes à resposta.

Então, com o que você gosta de gastar e o que não importa para você? Por exemplo, ao decidir sobre as despesas com as férias, as pessoas podem optar por fazer um caro, mas grandioso, passeio panorâmico de barco e ficar em um hotel barato. Isso revela o seu desejo de viver um momento inesquecível em vez de ficar em um hotel chique com banheiros dourados, algo que consideram um desperdício de dinheiro. Outros podem optar pelo oposto e deleitar-se com o conforto de seu quarto sem desfrutar tanto da paisagem. Em ambos os casos, as pessoas usaram seu dinheiro de acordo com suas prioridades e seus valores.

Para onde vai o dinheiro é uma parte importante do que nos faz felizes, por isso, se você prestar atenção em onde ele é gasto e onde é economizado, saberá de cara o que é importante no dia a dia de alguém. É como se você perguntasse: "O que você valoriza em sua vida diária?". Há uma resposta concreta aqui a se analisar.

Esse mesmo princípio se aplica ao tempo, ao dinheiro e ao esforço. O modo como ela aborda essas coisas, consciente ou inconscientemente, representa os valores da pessoa.

3. Qual é a sua realização pessoal mais significativa e a sua decepção ou fracasso mais significativo?

É comum que experiências, boas ou ruins, moldem as pessoas e as tornem quem são. Conquistas e fracassos estão ligados à forma como alguém se vê. Experiências significativas tendem a criar nossas autoidentidades — *sou esse tipo de pessoa porque fiz isso e obtive sucesso ou fracasso*. Não podemos escapar do fato de que as ocorrências passadas influenciarão, com frequência, as nossas ações atuais e futuras. Não precisa ser assim, mas este não é um livro sobre como mudar sua mentalidade. A questão é que grandes eventos repercutirão por toda a nossa vida.

Portanto, a pergunta levará a uma resposta sobre como as pessoas se veem, para o bem ou para o mal. O fracasso atiça dolorosamente as falhas que elas odeiam em si mesmas, enquanto as conquistas trarão à tona os pontos fortes dos quais se orgulham.

Uma mulher focada em sua carreira, que tenha ascendido na hierarquia corporativa, pode refletir com orgulho sobre suas realizações. Por que ela considera essa sua maior conquista? Porque ela valoriza a independência, a resiliência e a determinação, e essas são as exatas características necessárias para alcançar o auge da carreira. Ela relembra as coisas que fez para conseguir aquela sala com vista panorâmica e se sente positiva com relação a elas. Assim, a resposta sobre suas realizações profissionais é, na verdade, uma história dos traços positivos que ela utilizou para chegar àquele lugar — basicamente, a percepção que ela tem de sua identidade. Você pode imaginar que haveria uma percepção negativa da autoidentidade caso a mesma mulher falasse sobre seus fracassos e tivesse acabado em um emprego que ela desprezasse, já que essas são as coisas que ela mais odeia.

A maneira como as pessoas respondem a essa pergunta mostra quem elas querem ser, e isso indica como suas expectativas foram ou não atendidas.

4. O que é fácil e o que é sempre desgastante?

Essa pergunta leva a um entendimento maior daquilo de que as pessoas realmente gostam. Algo fácil nem sempre é um talento inato, mas sim uma indicação de que o indivíduo gosta daquilo. Por outro lado, algo desgastante nem sempre tem a ver com a falta de competência, mas com o desgosto pela atividade em si. Assim, as respostas a essa pergunta podem indicar onde as pessoas encontram alegria e prazer naturalmente, mesmo que elas próprias não percebam isso.

Por exemplo, uma confeiteira pode admitir que tem um nível de criatividade medíocre para fazer sobremesas. Embora se situe acima da média, ela não é naturalmente talentosa para isso, portanto, é algo que sempre lhe pareceu difícil. Ela não tinha um talento inato para a criatividade culinária, mas ainda assim experimenta tanta alegria nessa atividade que sempre se sente motivada. Trata-se de algo desafiador, mas gostoso, de forma que ela nunca se cansa. Por outro lado, ela pode ter um talento natural para compreender e seguir receitas tradicionais — mas isso não é algo que ela valorize. Se olhássemos apenas para seus talentos inatos, concluiríamos que ela deveria se limitar apenas a executar os pratos dos outros. Mas isso não é o que ela mais valoriza.

Como mencionado, onde gastamos tempo, esforço, energia e dinheiro indica nossos valores.

5. Se pudesse criar uma personagem em um jogo, quais características você enfatizaria e quais deixaria de lado?

Essa pergunta leva ao que as pessoas veem como seu ideal e o que sentem que é mais e menos importante no mundo. Imagine que você tenha um número limitado de pontos para dar a uma pessoa, mas seis traços de personalidade entre os quais deve distribuir os pontos. O que você escolheria enfatizar e reforçar e o que deixaria na média ou até mesmo ausente?

Suponha que você tenha a capacidade de escolher entre características como carisma, inteligência acadêmica, senso de humor, honestidade, resiliência e consciência emocional. As características que você escolheria para atribuir o número máximo de pontos são aqueles que você gostaria que os outros vissem em você. Podem representar sua composição atual de características ou podem ser o completo oposto de quem você é atualmente. Em ambos os casos, é mais do que provável que isso represente como você se vê ou como gostaria de se ver. E as outras características? Bem, elas simplesmente importam menos para você.

Pessoas procuram outras pessoas com as características de que gostam e se mostram menos interessadas em procurar pessoas com características diferentes dessas.Provavelmente, existem histórias por trás de cada uma das características que as pessoas escolhem.

Uma pergunta relacionada é: "Quais características são comuns em outras pessoas?". Ela se origina de um estudo psicológico de 2010 realizado por Dustin Wood, no qual ele descobriu que tendemos a descrever outras pessoas com características semelhantes às nossas. Como era de se esperar,isso ocorre porque as pessoas tendem a ver suas próprias qualidades nos outros. Ninguém acredita que sua composição mental de características seja incomum e, portanto, tendemos a acreditar que todos têm uma perspectiva e uma maneira de pensar semelhantes às nossas. As respostas a essa pergunta são um panorama das características que as pessoas acreditam ter, para o bem ou para o mal. A partir daí, você descobre como elas abordam o mundo — sendo gentis, generosas, desconfiadas, rebeldes ou até mesmo mal-humoradas.

6. Para qual instituição de caridade você doaria milhões se fosse necessário?

Responder a essa pergunta obriga a pessoa a responder o que lhe interessa no mundo em geral, e não apenas em sua própria vida.

Você doaria para um abrigo de animais ou para uma instituição que cuida de pessoas com câncer? Talvez apadrinhasse uma criança em um país pobre? Há muitas respostas diferentes. Você pode ter tido uma experiência direta ou indireta com qualquer uma dessas causas. Seja qual for o caso, mostra o que importa quando as pessoas começam a pensar para além de si mesmas. Você pode descobrir todo um assunto que as preocupa, e isso permite ver em que lugar no mundo elas se enxergam. Em outras palavras, quais interesses elas tendem a priorizar ou pelos quais são motivadas. Como sempre, observe a emoção subjacente.

Perguntas como essa evocam uma conexão mais profunda com os valores, as ideias e a consciência das pessoas. O objetivo de perguntar é, novamente, examinar seu comportamento. Essas perguntas orientam o interlocutor a pensar sobre os aspectos mais relevantes de seu caráter. Também fazem as pessoas pensarem além das declarações previsíveis, estimulando organicamente pensamentos mais significativos. Olhe para além das respostas e leia nas entrelinhas. O pensamento crítico, a avaliação e a reflexão são as principais habilidades em jogo aqui.

Em seguida, vamos nos aprofundar, pedindo às pessoas que elaborem mais, em vez de apenas darem uma resposta relativamente curta, para ver o que podemos colher ao ouvir o seu diálogo interno em pleno vigor.

7. Qual animal melhor o descreve?

O melhor dessa questão é que se trata de uma investigação muito pessoal, mas disfarçada. As pessoas se sentem muito mais confortáveis falando sobre certas características que admiram nos outros do que falando diretamente sobre si mesmas. Você também pode descobrir que essa pergunta faz com que as pessoas se sintam muito dispostas a compartilhar informações reveladoras que, caso contrário, ficariam desconfortáveis demais para revelar.

Há algo na distância criada quando se fala sobre um animal que pode gerar respostas muito diretas e honestas. As pessoas podem inadvertidamente contar a você quem gostariam de ser quando falam sobre seu animal favorito. Ouça com atenção a pessoa que diz que ama cachorros, mas não gosta de gatos. Pergunte a elas por quê, e a resposta lhe informará claramente sobre as características que ela valoriza nos outros e em si e como ela deseja ser.

A melhor maneira de fazer essa pergunta é tão casualmente quanto possível. Não faça parecer que você está buscando uma resposta séria — ironicamente, essa atitude ultrapassará as defesas do interlocutor e fará com que ele divulgue informações sobre si que podem ser muito significativas. O que as pessoas dizem de prontidão é importante; o que quer que esteja em suas mentes é o aspecto de si que provavelmente consideram mais importante, mais relevante ou mais inexorável.

Por exemplo, uma pessoa que lhe diz de imediato que seria um urso não precisa de mais instruções para explicar o motivo: ela é feroz, protege seus entes queridos e não deve ser incomodada. Porém, por que não escolher algo como um tubarão? Talvez possa indicar que ela tenha um lado "fofo".

A princípio, essas perguntas podem parecer inocentes e divertidas, mas é justamente essa simplicidade que permite que as pessoas respondam com mais honestidade, como em um teste de Rorschach. Elas escolheram um carnívoro ou um herbívoro? Um animal mítico? Uma praga? Um animal domesticado ou um selvagem e ligeiramente perigoso? Essa pergunta acrescenta imensa profundidade e riqueza à sua compreensão da pessoa — e a deixa à vontade.

8. Qual é o seu filme favorito?

De início, talvez essa seja tão óbvia quanto a anterior, mas muitas pessoas não param para pensar sobre a enorme quantidade de informações que lhes é oferecida quando os outros compartilham coisas como seu filme favorito. Ao responderem a essa pergunta, podem compartilhar com você as narrativas e as histórias que as atraem, que, por sua vez, mostram de forma profunda como é seu universo moral interior, como pensam sobre mocinhos e bandidos ou mesmo como imaginam sua própria história à medida que ela se desenrola.

O que há em determinado filme de que elas gostam? Não presuma simplesmente que elas se identificam com a personagem principal — pode ser com o diretor ou com o próprio gênero, que dialoga com elas de forma poderosa. E se alguém responder: "Bem, é algo muito obscuro. Um filme polonês independente lançado no início dos anos 1940. Não imagino que você saiba nada sobre ele"? Bem, você pode inferir muito, mesmo que nunca tenha ouvido falar do filme! Pode presumir que o indivíduo valoriza a exclusividade e a raridade e gosta de se apresentar como um entendido com um gosto excelente (ou seja, o que outras pessoas identificariam como um alternativo irritante!).

Junte a resposta a outros dados que você esteja coletando. Qual o significado de o garoto tímido e magro do canto adorar um filme de super-herói? O que uma mãe japonesa aposentada veria em um filme sério sobre o comércio de escravos no sul dos Estados Unidos? A pessoa que lhe conta que seu filme favorito é uma comédia — será que ela escolheu algo recente, ou um filme de décadas atrás, que foi popular quando ela era criança?

9. O que você salvaria de um incêndio em sua casa?

Você conhece a velha história. Sua casa está pegando fogo e você só pode pegar um único item precioso, nada mais. Essa é outra questão que toca profundamente nos valores mais fundamentais da pessoa e em suas prioridades. Talvez você a julgue como pragmática, quase emocionalmente atrofiada, até que ela lhe conte que salvaria um único livro de poesia.

Situações de crise e de emergência conseguem eliminar rapidamente a desordem da vida. As pessoas podem parecer algo que não são, até serem colocadas contra a parede. No filme *Força maior*, uma família enfrenta uma ameaça terrível, mas breve: uma avalanche que se aproxima. Nos poucos momentos de desespero, o pai foge de cena, salvando-se, enquanto a mãe fica com os filhos. Embora o perigo passe e todos fiquem em segurança novamente, o resto do filme explora o significado das ações do pai: sua resposta instintiva naquele momento denunciou o que ele de fato valorizava — ou seja, ele mesmo, e não sua família.

Tente entender não apenas o que uma pessoa salvaria, mas por quê. Uma que agarraria rapidamente seu gato de estimação antes de qualquer coisa está lhe dizendo que valoriza mais a vida do que os objetos inanimados. Outra que pegaria o passaporte está lhe dizendo que vê sua mobilidade, sua capacidade de viajar, como algo muito especial. Da mesma forma, alguém que simplesmente lhe diz que pegaria a carteira porque ela contém dinheiro, cartões e a carta de motorista também lhe diz algo importante — que está interpretando sua pergunta não em termos de valores hipotéticos, mas como um dilema literal e prático a ser resolvido da maneira mais lógica possível. Muito diferente da pessoa que afirma que salvaria uma fotografia antiga da tataravó!

10. O que mais o assusta?

Muitas das questões anteriores tratam de valores, princípios, prioridades e desejos. Mas é claro que você também pode aprender muito sobre uma pessoa pelo que ela evita, detesta e teme. Isso mostra não apenas o que ela valoriza, mas também como ela se vê. Afinal, faz sentido que você tema aquilo de que se sente mais incapaz de se proteger, ou aquilo que considera mais prejudicial para si. Isso pode levar a enormes descobertas sobre como uma pessoa vê seus próprios pontos fortes e limitações.

Alguém que diz "Aranhas" terá uma composição psicológica muito diferente de alguém que afirma "Demência precoce, que me faria gradualmente esquecer de quem eu sou e dos rostos de todas as pessoas que amei". Os medos são muitas vezes uma porta para os princípios mais firmemente arraigados — uma pessoa que é muito inclinada à moral e movida pela justiça e pela imparcialidade pode temer assassinos em série, psicopatas ou mesmo entidades sobrenaturais demoníacas.

Por outro lado, os medos também podem dizer o que essa pessoa pensa sobre sua capacidade de lidar com a adversidade ou o sofrimento. A pessoa que teme a rejeição, o abandono e as críticas está lhe dizendo que, no mundo dela, o dano psicológico é mais grave do que o dano físico. Da mesma forma, o que você inferiria sobre alguém que lhe dissesse com firmeza: "Não tenho medo de nada"?

APRENDIZADOS

- Há uma riqueza de informações que podemos observar e analisar quando tentamos compreender outras pessoas, mas em geral não dispomos de muito tempo para fazer isso. O uso de pequenas quantidades de dados para fazer avaliações precisas é chamado de *thin-slicing*, ou "corte fino". Decisões instantâneas baseadas em poucos dados podem ser surpreendentemente precisas. Uma boa técnica é confiar em suas reações inconscientes iniciais (intuição), mas complementá-las depois com observações mais cuidadosas.

- Observe as palavras que as pessoas usam em suas mensagens e e-mails, como, por exemplo, pronomes, voz ativa/passiva, palavrões, regionalismos e assim por diante. Observe também a carga emocional das palavras e se ela é apropriada ao contexto em que foi usada. Por exemplo, usar linguagem excessivamente negativa em situações benignas pode ser um indicador de problemas de saúde mental ou de baixa autoestima.

- Leia a casa e os objetos de uma pessoa como se fossem sua linguagem corporal e voz: examine o aconchego ou a abertura de uma casa para determinar a sociabilidade, por exemplo. Observe ambos: o que há em excesso e o que falta nos espaços ocupados com frequência. Os objetos pessoais podem indicar traços de personalidade, sugerir a maneira como uma pessoa regula suas próprias emoções ou ser evidência de certos comportamentos ou hábitos passados.

◈ Você também pode se basear no comportamento das pessoas na internet para discernir como elas são, embora seja necessário tomar algum cuidado aqui. Preste atenção ao tipo de foto que postam e às emoções que elas transmitem, sobretudo se são positivas, neutras ou negativas. Pessoas que postam fotos positivas são mais propensas a serem agradáveis, extrovertidas e cuidadosas, enquanto pessoas com fotos mais neutras geralmente são mais francas e neuróticas.

◈ Você pode usar perguntas para extrair ativamente informações muito úteis. Perguntas hipotéticas podem driblar as defesas das pessoas e fazer com que elas revelem com honestidade informações úteis de prontidão. Isso nos ajuda a entender melhor seus desejos e valores secretos e sua autopercepção.